Y TRWBADÔR
DENNIS O'NEILL

Portread gan
Frank Lincoln

Gomer

Cyhoeddwyd yn 2006 gan
Wasg Gomer, Llandysul, Ceredigion SA44 4JL

ISBN 1 84323 718 0
ISBN 13 9781843237181

Dymuna'r cyhoeddwyr gydnabod cymorth
Cyngor Llyfrau Cymru.

Argraffwyd a rhwymwyd yng Nghymru gan
Wasg Gomer, Llandysul, Ceredigion

CYNNWYS

Cyflwyniad

Mae Trwbadŵr yn llysenw da ar Dennis O'Neill. Yn yr hen amser, y trwbadwriaid oedd y beirdd-gantorion hynny fyddai'n teithio o gwmpas Ewrop yn diddanu pobol. Rhyw fath o drwbadŵr cyfoes yw Dennis O'Neill, yn teithio'r byd i ganu a difyrru ei gynulleidfaoedd. *Il Trovatore* (sef y Trwbadŵr) gan Verdi yw un o hoff operâu Dennis O'Neill, ac mae wedi canu rhan y trwbadŵr ei hunan, Manrico, nifer fawr o weithiau yn nhai opera pwysicaf y byd.

O draddodiad y trwbadŵr hefyd y deilliodd y *Meistersinger*, sef y pencerdd, ac felly mae'n ddisgrifiad dilys iawn o ganwr fel Dennis, sy'n cael ei gydnabod yn feistr ar ei grefft. *'When it comes to the Italian operas, Dennis O'Neill is numero uno.'* (Humphrey Burton)

Ond beth am Dennis O'Neill y dyn? Beth yw ei hanes e? Sut berson yw e mewn gwirionedd? Fel cyfaill mynwesol iddo, ac un a gafodd y cyfle i ddod i'w adnabod ef a llawer o'i deulu yn dda, mae'n bleser gennyf gael rhannu ag eraill rai hanesion amdano – hanesion fydd, gobeithio, yn rhoi darlun cyflawn o'r cymeriad hynod hoffus hwn o Bontarddulais. Mae e'n ganwr mawr, ond mae llawer, llawer mwy na hynny i'r trwbadŵr hwn o Gymro.

Dyma beth sydd gan rai pobol enwog i'w ddweud amdano:

> Mae Dennis O'Neill wedi bod, ac yn dal i fod, yn ysbrydoliaeth i mi ers i mi ei glywed gyntaf – yn ŵr bonheddig didwyll, ac yn hael ei berfformiad a'i gyngor. Mae'n driw i'r gwerthoedd a'r traddodiadau gorau ym myd canu, ac mae'n bleser cael ei adnabod fel dyn a chyd-ganwr.
>
> Gwyn Hughes Jones

Mae Dennis O'Neill yn gawr ar y llwyfan ac mae angerdd ei ganu yn medru cael effaith aruthrol ar ei gynulleidfa. Pan glywais i fe'n canu *Che geli da manina,* mae'n rhaid i mi gyfaddef i mi grio.

Ray Gravell

Mae'n beth mawr i mi gael canu gyda Dennis O'Neill, achos mae e'n enwog dros y byd i gyd, a dwi ddim yn meddwl ein bod ni fel cenedl yn deall pa mor enwog yw e mewn gwirionedd.

Leah-Marion Jones

Y cof sy gen i am Dennis yw'r un ohono yn ei gartre, ei lewys wedi'u torchi a ffedog â streips am ei ganol, yn paratoi swper o bedwar cwrs, neu chwech, neu fwy weithiau, o ddanteithion blasus wedi eu coginio a'u gweini'n berffaith.

'Dyma'r ffordd wy'n ymlacio,' meddai, er y byddai'r rhan fwyaf ohonon ni angen pilsen at y *stress* ac un arall at y *stamina* cyn dechrau meddwl am goginio swper i ddeg neu ragor. Ond mae Dennis ac Ellen yn batrwm o bartneriaeth gynnes; maen nhw'n hoff o fwyd a cherddoriaeth dda ac, yn bwysicach fyth, maen nhw'n hoff o bobol.

Teleri Bevan

Yn ei lythyr at Dennis yn datgan ei barodrwydd i hyfforddi yn yr Academi, fe ysgrifennodd Zubin Mehta, *'Who else can help the young singers of the future in the way that you can, Dennis? Who else has your knowledge, your musicality, your understanding and your humanity?'* Mae'n ddyfyniad sy'n dweud y cyfan.

7

Ffawd

Fatalità! Fatalità! Fatalità!

'Ffawd! Ffawd! Ffawd!'

(Act 4 *La Forza Del Destino* gan Verdi)

Y MAE Ffawd, a chyd-ddigwyddiadau dyrys, hollol anghredadwy ar brydiau, yn chwarae rhan amlwg iawn mewn nifer o'r storïau sy'n sail i rai o'r operâu enwocaf. A ffawd greulon, dywyll ac anfaddeugar sy'n cael ei phortreadu ynddyn nhw gan amlaf. Ond, er ei bod hi'n hen ystrydeb efallai, mae'n wir dweud bod digwyddiadau go-iawn bywyd bob dydd yn medru bod yn rhyfeddach nag unrhyw storïau dychmygol. A diolch byth, o bryd i'w gilydd, mae'r cyd-ddigwyddiadau hynny'n medru bod yn rhai hapus a ffodus iawn. Mae'n ymddangos bod Ffawd wedi bod yn garedig wrth Dennis O'Neill, ac mae rhai o'r pethau sydd wedi digwydd yn ei fywyd yn gwneud i mi gredu ei fod wedi ei eni â rhyw angel gwarcheidiol hael a goddefgar iawn yn gofalu amdano.

Dyna i chi'r stori am sut y bu i'w dad ddod ar draws pentref bach, lled anghysbell, o'r enw Pontarddulais. Wedi'r cyfan, meddyg teulu yng nghyffiniau Corc yn Iwerddon oedd Doc, fel y'i hadwaenid gan bawb, heb unrhyw gysylltiad â Chymru o gwbl. Wel, hwnnw oedd y cyd-ddigwyddiad cyntaf. Roedd Hugh, brawd Doc, wedi dod draw i weithio fel athro Cemeg yn ysgol breifat Saint Michael's yn ardal y Bryn – hanner ffordd rhwng Llanelli a

Phontarddulais. (Yn rhyfedd iawn fe fûm i'n ddisgybl yn ysgol gynradd y Bryn oedd reit drws nesaf i Sant Meics, fel y'i gelwid yn lleol.) Roedd Hugh wrth ei fodd yng Nghymru, a byddai'n annog ei frawd yn aml a thaer yn ei lythyrau i ddod draw i Gymru. Roedd bywyd yn fwyn yno, meddai, gyda llawer mwy o obaith ennill bywoliaeth dda nag oedd yn Iwerddon ar y pryd.

Meddyg cydwybodol a charedig iawn fu Doc erioed, a chan nad oedd fawr ddim arian gan ei gleifion yng Nghorc, fe fyddai'n aml yn rhoi'r moddion a'r tabledi angenrheidiol iddyn nhw yn rhad ac am ddim. Fedrwch chi ddim para i wneud hynny am yn hir, ac ar ôl pendroni am sbel, fe benderfynodd Doc o'r diwedd ei bod hi'n bryd iddo ymuno â'i frawd yng Nghymru. Doedd dim pwrpas danfon llythyr ato ymlaen llaw – fe fyddai'n cymryd gormod o amser i gyrraedd. Doedd ffonio ddim yn opsiwn hawdd y dyddiau hynny, chwaith, ac felly fe deithiodd Doc, â'i fag yn ei law, draw i Gymru a chnocio'n hyderus ar ddrws ysgol Sant Meics. Y prifathro atebodd, a doedd e ddim yn groesawgar o gwbl. 'Mae eich brawd a finnau wedi cweryla,' meddai. 'Fe adawodd e rai dyddiau 'nôl; mae e wedi mynd i Lundain dwi'n meddwl, ond does dim cyfeiriad fedra i ei roi i chi.' Dyna ddiwedd y sgwrs, a gyda chlep ar y drws fe ddiflannodd yr unig gysylltiad oedd gan Doc â Chymru.

Mae'n rhaid bod Ffawd wedi gwenu ar Doc. Gallasai fod wedi troi i'r chwith wrth ymadael â'r ysgol, a cherdded yn ôl i gyfeiriad gorsaf Llanelli. Ond, heb wybod pam, troi i'r dde wnaeth e, a cherdded am rai milltiroedd drwy bentrefi Llangennech a'r Hendy, nes cyrraedd Pontarddulais (neu'r Bont, fel y'i gelwid yn lleol). Bu Doc yn hoff o'i ddiod gydol ei oes, ac roedd cerdded yn ei siwt orau y prynhawn hwnnw wedi codi syched arno. Felly roedd gweld Clwb y Gweithwyr ym Mhontarddulais cystal â gweld gwerddon yn yr anialwch. Aeth i mewn am beint.

O fewn dim, roedd ei bresenoldeb wedi denu sylw a chwilfrydedd nifer o aelodau selog y clwb, a buan y dechreuon nhw ei holi, yn hollol gyfeillgar wrth gwrs, am bopeth yn ei fywyd, bron. 'Pwy 'ych chi te, a beth 'ych chi'n neud 'ma?' Go brin eu bod nhw'n ei gredu ar y dechrau mai meddyg oedd e. Ni welech chi unrhyw feddyg lleol yn ei ddiraddio'i hunan a mynd am beint i'r Clwb! Er ei fod yn ŵr reit swil ar brydiau, roedd Doc hefyd yn medru bod yn hynaws a chyfeillgar dros ben, a chymerodd hi ddim yn hir iddo argyhoeddi ei ffrindiau newydd ei fod e'n feddyg go-iawn.

Ar ôl treulio orig ddiddan yng nghwmni ei gilydd, gofynnwyd cwestiwn tyngedfennol iddo gan un o'r brodorion: 'Dych chi ddim yn wilo am waith, odych chi? Achos os 'ych chi, ma'r meddyg fan hyn yn y Bont yn wilo am rywun i'w helpu fe am sbel.'

Yn ddiweddarach fe hebryngwyd Doc draw i dŷ Dr Lloyd. Cynigiwyd y swydd dros dro i'r dieithryn o Iwerddon – a bu'n byw yn y pentre am weddill ei oes. Ffawd!

*　　　*　　　*

Roedd Doc – sef Dr William Patrick O'Neill, neu Bill i'r teulu – yn dri deg a phedair oed pan gyrhaeddodd e Bontarddulais ym mhedwar degau'r ganrif ddiwethaf. Doedd e ddim yn adnabod neb yno; doedd ganddo'r un gair o Gymraeg – prif iaith y pentref; roedd diwylliant a thraddodiadau'r wlad newydd yn ddieithr iddo, ac roedd e hefyd yn ŵr o'r ffydd Gatholig mewn cymdeithas a oedd, bryd hynny, yn ffyrnig ei hanghydffurfiaeth.

Ac eto roedd Doc wrth ei fodd yn y Bont. Roedd e'n ysgrifennu adre'n gyson at ei fam, ac mae'r llythyrau'n llawn cyfeiriadau at ddoniolwch ac agosatrwydd y Cymry, ac am gynhesrwydd eu croeso iddo. Mae e hefyd yn sôn, yn ddoniol iawn, ei fod yn *ruddy giant in this country* – gŵr byr, bychan o gorff oedd e, ond mae'n amlwg fod trigolion y Bont yn fyrrach fyth. Dim ond rhyw bum troedfedd a chwe modfedd o daldra yw Dennis, ond roedd e dipyn yn dalach na'i dad!

Un o'r rhesymau pennaf pam y setlodd Doc gystal, wrth gwrs, oedd iddo syrthio mewn cariad. Wrth wneud ei rownds rhyw ddydd, fe sylwodd ar lun ar ddresel yn nhŷ un o'i gleifion. Llun priodas Marion Rees a Stanley Mainwaring oedd e, gyda'u teuluoedd a'u ffrindiau yn gwenu'n hapus o'u cwmpas. Fe ffansïodd Doc un o'r merched yn y llun, sef Joan, chwaer Marion. Roedd e'n awyddus i fynd allan gyda hi, ond fe chwaraeodd Ffawd ei rhan unwaith yn rhagor. Bu Joan yn ddigon gonest i ddweud wrtho, 'Dwi'n credu y byddai un o fy chwiorydd eraill yn eich siwtio chi'n llawer gwell na fi – fe ddylech chi gyfarfod ag Eva.' Felly y bu, ac mae'r gweddill yn hen, hen hanes. Fe syrthiodd Eva a Doc dros eu pennau a'u clustiau mewn cariad.

Doedd e ddim yn benderfyniad hawdd y dyddiau hynny, ond fe fabwysiadodd Eva'r ffydd Gatholig, gymaint oedd ei hargyhoeddiad mai hwn oedd y dyn iawn iddi hi, ac fe briodwyd y ddau yn Eglwys Gatholig St Brides ym Mhontarddulais yn 1946. Ganwyd chwech o blant hynod dalentog iddyn nhw – Dennis, Elizabeth, Patricia, Doreen, Andrew a Sean – i gyd wedi eu breintio, mae'n siŵr, o ganlyniad i'r briodas Geltaidd hudol a ddaeth â rhinweddau gorau'r Gwyddelod a'r Cymry ynghyd. Nid rhyfedd, efallai, fod teulu'r O'Neills wedi dod yn enwog, nid yn unig yn y Bont, ond drwy Gymru gyfan.

Serch hynny, un yn unig ddaeth yn wirioneddol *fyd* enwog, ac mae'r gyfrinach pam y cafodd Dennis lwyddiant mor ysgubol ar lwyfannau Opera'r byd, i'w ddarganfod, dwi'n credu, yn ei gefndir – yn nyddiau ei blentyndod ac yn ei berthynas â'i rieni. O adnabod Doc ac Eva, fe ddown ni i ddeall Dennis.

*   *   *

Er bod gwahaniaethau amlwg yng nghefndiroedd y ddau, mae'n syndod gymaint o debygrwydd sydd rhyngddynt hefyd. Roedd Eva yn un o un ar ddeg o blant. Marion oedd yr hynaf, ac fe'i ganwyd hi ac Eva yn nhafarn The Bird in

Hand ar heol y Fforest, ychydig y tu allan i Bontarddulais. Eu tad, Jack Rees, oedd y tafarnwr yno nes iddo fynd i weithio dan ddaear yng nglofa'r Morlais. Teulu dosbarth gweithiol heb ryw lawer o arian oedden nhw, tebyg i'r rhan fwyaf o'u cyd-bentrefwyr, a bu'n rhaid i nifer o'r plant adael yr ysgol yn gynnar i fynd i weithio a gwasanaethu mewn tai bonedd. Roedd yn fywyd anodd a garw, ac efallai mai dyna a'u gwnaeth nhw i gyd yn gymeriadau mor ddoniol eu ffordd – cymeriadau fyddai bob amser yn gweld ochr ddigri unrhyw sefyllfa neu ddigwyddiad. Sut arall fedrai rhywun oroesi mewn byd mor anaddawol? Efallai na chawson nhw i gyd ddim llawer o ddysg ffurfiol, ond roedd yno barch rhyfeddol tuag at Addysg, ac roedd y cefndir a'r diwylliant Cymreig yn sicrhau deallusrwydd cynhenid. Roeddent yn bobl naturiol urddasol ac egwyddorol. Fel ymhobman arall yng Nghymru ar y pryd, roedd y capel yn ganolog ym mywyd y Bont, ac i gapel Bedyddwyr Calfaria yr âi'r teulu ar y Sul. Roedd canu yn y gynulleidfa yno yn gymaint o ddifyrrwch ag yr oedd canu a chystadlu yn yr eisteddfodau lleol di-ri.

*   *   *

Roedd Bill (Doc yn nes ymlaen yn ei fywyd), yn un o dri ar ddeg o blant. Perthynai ei deulu i reng isaf y dosbarth canol, ond doedd byth digon o arian gan y teulu oherwydd bod cynifer o blant i'w cadw a'u meithrin. Er mai Saesneg oedd iaith y cartref, roedd rhywfaint o'r Wyddeleg hefyd yn cael ei siarad ar yr aelwyd; roedd y ffydd Gatholig yn aruthrol o bwysig yn eu bywydau, ac roeddent hwythau, hefyd, yn deulu cerddorol tu hwnt. Fe fydden nhw'n cyfarfod yn aml i ganu o gwmpas y piano fin nos. Roedd Bill yn meddu ar lais tenor ysgafn, telynegol hyfryd, tra bod pawb o'r farn y gallasai ei chwaer, Eileen, fod wedi bod yn soprano fyd enwog – roedd ganddi'r llais, roedd hi'n ddynes hynod olygus, ac mae'n amlwg fod ganddi'r *temperament* angenrheidiol, gan mai ei llysenwau o fewn y teulu oedd *Duchess* a *Diva*!

13

Doedden nhw ddim yn deulu cefnog, ond rywsut neu'i gilydd fe alluogwyd Bill i fynd i astudio meddygaeth. Fe wnaeth e gryn ymdrech i'w gynnal ei hunan wrth astudio. Fe ddysgodd sut i deipio ac fe fyddai'n treulio awr neu ddwy o bryd i'w gilydd, pan fyddai'r astudiaethau'n caniatáu, yn gweithio mewn *typing pool*. Fe oedd yr unig ddyn ymhlith mintai fawr o ferched, ond doedd Bill ddim yn poeni am hynny gan fod y gwaith yn ei alluogi i gadw dau ben llinyn ynghyd. Roedd y teulu o Gorc, fel teulu'r Bont, yn gyfarwydd â gwaith.

Gyda chymaint o elfennau'n gyffredin yn eu bywydau, hawdd iawn oedd i'r Cymry a'r Gwyddelod hyn ddeall ei gilydd, ond roeddent hefyd yn parchu'r daliadau a'r arferion hynny oedd yn ddieithr iddynt. Byddent yn mynd ar wyliau i gartrefi ei gilydd, ac yn cael sbort a sbri wrth ganu o amgylch y piano. O bryd i'w gilydd, tra byddai Anti Marion draw yn Iwerddon, fe fyddai hyd yn oed yn mynd i ambell wasanaeth yn yr Eglwys Gatholig. Roedd y teulu O'Neill yn dotio ar acen y Reesiaid wrth siarad Saesneg, a'r Cymry, yn eu tro, yn gwenu wrth fethu deall y *brogue* – y lediaith Wyddelig. Rydyn ni'r Cymry'n aml yn cyfeirio'n wresog iawn at ein 'cefnderoedd' dros y dŵr yn yr Ynys Werdd. Wel roedd y cefnderoedd go iawn hyn, a'r perthnasau i gyd o ran hynny, yn medru mwynhau cwmni ei gilydd a chyddynnu'n rhyfeddol o hwyliog. Roedden nhw'n fodlon 'rhannu' eu perchnogaeth o'r tenor enwog Dennis O'Neill. Yn Iwerddon, '*the Irish tenor*' yw e bob amser; Cymro yw e i ni, wrth gwrs.

*   *   *

Os oedd nifer fawr o elfennau'n gyffredin ym mywydau'r ddau deulu, allech chi ddim bod wedi cyfarfod â dau unigolyn mor wahanol i'w gilydd â Bill O'Neill ac Eva Rees. Gŵr swil, tawel, yn caru bywyd digyffro, di-stŵr oedd Bill, ac yn feistr ar hepian cysgu. Roedd Eva, ar y llaw arall, â'i llygaid duon yn pefrio, yn gorwynt o egni, yn ddeinamo ddiflino, ac yn gwneud popeth allai i sicrhau fod bywyd Bill mor drefnus ag y medrai bywyd meddyg fod. Meddai Eva ar feddwl cyflym, craff, a thafod miniog. Roedd Bill yn gwbl fodlon gadael iddi hi drefnu bywyd bob dydd y cartref, tra ei fod yntau'n canolbwyntio ar drin y cleifion a chynorthwyo gwragedd i roi genedigaeth. Byddai'n gorfod troi ei law at helpu ambell anifail hefyd, o bryd i'w gilydd!

Yn wir, roedd dawn Eva i fod yn dra threfnus ac awdurdodol yn chwedlonol o fewn y teulu. Roedd ganddi lais cryf, ac roedd hi'n medru siarad yn eithriadol o gyflym heb golli dim ar rediad y geiriau – fe fyddai wedi medru bod yn *sergeant major* penigamp yn y fyddin! Mae yna un stori sy'n crisialu ei dawn i'r dim. Fe deithiodd Bill ac Eva i briodas perthynas pell yn Llundain. Doedden nhw ddim wedi gweld y gangen honno o deulu Bill ers blynyddoedd lawer, ac roedden nhw wedi eu synnu, braidd, eu bod wedi cael gwahoddiad i'r briodas o gwbl. Yn ystod y gwasanaeth datganodd Eva ei siom wrth Bill fod y croeso a gawsant gan y teulu braidd yn llugoer, ac fe sylwodd hefyd fod nifer fawr o'r perthnasau wedi newid, wedi heneiddio, ac wedi tewhau cryn dipyn ers iddynt eu gweld ddiwethaf. Ar ddiwedd y gwasanaeth roedd y broses o dynnu'r lluniau braidd yn anhrefnus a neb yn cymryd llawer o sylw o'r ffotograffydd swyddogol. Dyma Eva i'r gad! O fewn dim, roedd hi wedi trefnu pawb yn daclus, a phob un yn gwybod ei le.

Ond bellach roedd Bill braidd yn dawedog, oherwydd roedd e wedi dod i gasgliad reit bwysig. Doedd e ddim yn adnabod neb yn y briodas. Nid ei berthnasau ef oedd y rhain. Roedd Eva ac yntau yn y briodas anghywir! Fe ddylen nhw fod wedi mynd i eglwys arall rownd y gornel! Felly, hyd heddiw, mae yna deulu rywle yng nghyffiniau Llundain sy'n edrych ar luniau eu priodas o bryd i'w gilydd, ac yn dal i ddyfalu, 'Pwy oedd y wreigan drefnodd ein lluniau ni i gyd, ac sydd i'w gweld yn gwenu'n rhadlon mewn nifer ohonyn nhw?'

Ond roedd Eva'n medru bod yn rhyfeddol o sensitif lle'r oedd ei gŵr yn y cwestiwn. Roedd hi'n ymwybodol fod yna gryn dipyn o wahaniaeth oedran rhyngddi hi a Bill, a rhag iddo deimlo'n annifyr arferai Eva liwio'i gwallt yn llwyd. Does 'na ddim llawer o wragedd fyddai'n fodlon gwneud y fath aberth!

Fe fyddai'r sensitifrwydd hwn, ynghyd â dawn ddiamheuol Eva i drefnu a gwneud penderfyniadau'n gyflym ac awdurdodol, yn rhinweddau holl bwysig wrth iddi ddygymod â magu chwech o blant bywiog a thalentog.

Y Teulu

*Kommt, Kinderlein, zum Ringelreih'n
reicht alle euch die Händchen fein!*

Ymunwch nawr, chi blantos mân,
Dewch law yn llaw i ganu cân!

(Act 3 *Hansel a Gretel* gan Humperdinck)

D<small>YMA</small> i chi gyd-ddigwyddiad arall. Fe anwyd Dennis
James O'Neill, yr hynaf o'r plant, ar 25 Chwefror 1948,
felly mae'n rhannu dydd ei ben-blwydd (nid y flwyddyn,
wrth gwrs) gyda neb llai nag un o denoriaid enwoca'r byd –
Enrico Caruso.

Baban reit wanllyd oedd Dennis. Fe fu'n asthmatig o
ddydd ei eni, bron; fe ddioddefodd niwmonia deirgwaith cyn
cyrraedd wyth oed, ac oni bai am y ffaith bod ei dad yn
feddyg mae 'na rywfaint o amheuaeth a fyddai wedi byw ai
peidio. Fyddai hi byth yn hawdd cael Dennis i gysgu,
chwaith, ac fe fyddai Eva'n aml yn ei ddodi yn y car ac yn
gyrru o gwmpas mewn ymdrech i'w flino a'i dawelu. Roedd
cael car yn un o'r manteision o fod yn wraig i feddyg, wrth
gwrs, ac mae'n rhaid mai Eva oedd un o'r menywod cyntaf i
yrru car yn ardal y Bont. Mantais arall oedd bod gan y teulu
ychydig mwy o arian na'r rhelyw o drigolion y Bont, a'u bod
nhw felly'n medru bwyta cig ac ambell gyw iâr yn amlach na
theuluoedd eraill y pentref.

Roedd yr angel gwarcheidiol y soniais amdano wedi
dangos ei bresenoldeb yn reit gynnar ym mywyd Dennis.

Rhyw ddydd, ac yntau'n cysgu yn yr ardd, roedd llygoden fawr o'r afon gyfagos ar fin neidio i'w bram pan ymddangosodd ci drws nesaf o rywle, a lladd y llygoden cyn iddi fedru gwneud unrhyw niwed. Roedd gan yr O'Neills eu ci eu hunain hefyd o'r enw Dodo, ac mae'n debyg nad 'Dad' oedd gair cyntaf Dennis, ond 'Dodo'! Mae e'n hoff iawn o anifeiliaid, ond mae'n rhaid iddo fod yn wyliadwrus ohonynt oherwydd yr asthma.

Dri mis ar ddeg ar ôl geni Dennis, fe anwyd Elizabeth. Tyfodd y ddau i fyny gyda'i gilydd, fwy neu lai, ac mae'r ddau wedi bod yn agos byth ers hynny – fel gefeilliaid, bron. Lai na dwy flynedd yn ddiweddarach fe anwyd Patricia, a thair blynedd ar ôl hynny ganwyd Doreen.

Cafodd Eva rywfaint o seibiant cyn geni Andrew a Sean. O nabod y plant i gyd, bellach, a gwybod pa mor swnllyd a drygionus y maen nhw'n dal i fedru bod yng nghwmni ei gilydd, fedra i ddim dychmygu'r fath hunllef oedd hi i Eva, druan, wrth ymdrechu i gadw trefn ar y pedwar parablus, bywiog pan oedden nhw'n blant. Doedden nhw ddim yn blant cas o gwbl, ond yn blant 'pishi', fel y dwedwn ni yn ardal Llanelli. Doedden nhw ddim yn wahanol i blant ym mhobman arall, mae'n siŵr, ond bod yna bedwar ohonyn nhw'n tyfu i fyny ar yr un pryd. Wiw i neb adael Tom Tit Smiley (llysenw Doreen am ei bod yn fach ac yn gwenu drwy'r amser) a Tisha Tosh (llysenw Patricia) a'r Barwn Dennis (achos ei fod e'n deyrn ar y lleill), yn rhy hir ar eu pennau eu hunain, oherwydd fe allen nhw fod yn eithaf drygionus. Rhyw ddiwrnod, a hithau'n chwarae â matsys, fe lwyddodd Doreen i roi ei hunan ar dân, ac i Dennis roedd y diolch am ei gorchuddio â charthen a llwyddo i ddiffodd y fflamau cyn iddyn nhw wneud niwed. Bryd arall, Dennis fyddai'r bachgen drwg ac fe fyddai'n rhaid i'w gefnder, Huw (mab Anti Marion) guddio'i deganau rhag i Dennis eu malu wrth chwarae'n wyllt a llawdrwm. Ac eto, Dennis oedd y crwt angylaidd oedd wrth ei fodd yn gwasanaethu fel gwas allor yn yr eglwys Gatholig ar fore Sul.

Cymysg yw teimladau Dennis am ei ddyddiau ysgol. Mae'n brifo hyd heddiw wrth gofio'r grasfa eithafol a gafodd pan oedd ond yn bum mlwydd oed gan brifathro'r ysgol gynradd, a hynny am drosedd yr oedd yn hollol ddieuog ohoni. Hanner can mlynedd yn ddiweddarach mae'r cieiddiwch hwnnw'n dal i'w gythruddo a'i wylltio. Dro arall, fe gosbwyd Dennis gan y prifathro drwy ei orfodi i sefyll ar stôl yn y dosbarth, gyda'i ben i mewn yn y simdde – bu bron iddo dagu yn y mwg, ac fe gafodd Dennis bwl o asthma cas yn y fan a'r lle. Diolch byth bod athrawon eraill yn dyner iawn eu gofal amdano.

Yn y blynyddoedd wedi'r Ail Ryfel Byd, roedd prinder athrawon, a bu'n rhaid i nifer o bobol a oedd eisoes wedi ymddeol fynd yn ôl i weithio ym myd addysg. Un o'r rhai hynny oedd gwreigan o'r enw Miss Tonna, ac mae Dennis yn uchel ei barch ati hyd heddiw. Hi ddysgodd rifyddeg iddo, a sut i ddarllen ac ysgrifennu; hi hefyd ddysgodd eiriau Gweddi'r Arglwydd iddo yn y Gymraeg, ac i genhedlaeth gyfan yn y pentref, yn Gymry ac yn Saeson, yn Anghydffurfwyr ac yn Gatholigion. Mae Dennis hefyd yn cofio bod yn un o ryw gant o blant yn ymdeithio o'r ysgol ar Ddydd Gŵyl Dewi i lawr i gapel Hermon i ganu *God Save the Prince of Wales*. Dewis rhyfedd, a dweud y lleiaf! Dro arall, ac yntau'n rhyw bedair oed, fe ganodd gân Gymraeg am dedi-bêr. Fe anghofiodd y geiriau – tueddiad, meddai, sydd ganddo hyd heddiw!

Yn chwech oed fe glywodd e rywun yn canu aria allan o'r opera *Tosca* gan Puccini mewn eisteddfod leol. Doedd e ddim yn deall yr un gair ond fe wnaeth argraff ddofn arno, ac mae'n cofio teimlo ei fod wedi cael profiad 'rhyfeddol'. Mae'n debyg bod cyfaredd byd opera wedi ei gyffwrdd y prynhawn hwnnw, flynyddoedd maith yn ôl.

* * *

Mewn gwirionedd, roedd clywed cantorion operatig yn ei morio hi yn brofiad cyfarwydd iawn ym mywyd cynnar

Dennis O'Neill. Yn yr ychydig amser sbâr oedd ganddo, fe fyddai Doc yn aml yn eistedd yn ei gadair, gyda gwydraid o whisgi yn ei law, efallai, yn gwrando ar recordiau o wahanol denoriaid yn canu ei hoff alawon o fyd opera. Ei arwyr oedd y Gwyddel, John McCormack, a'r ddau Eidalwr, Enrico Caruso a Beniamino Gigli. Go brin y meddyliodd erioed y byddai ei fab hynaf ryw ddydd yn cael ei gyfrif ymhlith y tenoriaid Eidalaidd gorau yn y byd!

Doc oedd y cyntaf i awgrymu y dylai Dennis gael gwersi canu, nid yn gymaint oherwydd ei fod yn credu fod ganddo lais da, ond er mwyn cryfhau'r ysgyfaint a helpu rhywfaint ar yr asthma bondigrybwyll. Mae'r afiechyd hwnnw'n sicr wedi effeithio cryn dipyn arno, ac mae'n syndod meddwl nad yw ysgyfaint canwr o fri fel Dennis ond yn medru dal hyd at ddeugain y cant o'r anadl y gall person 'iach' ei dal. Yr hyn y mae Dennis wedi ei ddysgu dros y blynyddoedd yw sut i ddefnyddio a rheoli hynny o anadl sydd ganddo, ac fe ddechreuodd y broses honno o feistroli'r technegau angenrheidiol yn ystod y gwersi canu cyntaf hynny yn nyddiau ei blentyndod.

Roedd y plant eisoes yn cael gwersi canu'r piano, felly er mwyn tegwch i bawb fe benderfynodd Eva bod yn rhaid i'r plant i gyd gael gwersi canu hefyd. Fe fyddai'n pacio'r giwed i mewn i'r car, ac yn gyrru i Gasllwchwr at Madam Myra Rees, un o athrawesau llais gorau'r ardal. Dyna pryd y darganfuwyd bod y plant i gyd yn medru canu'n fendigedig. Bu Patricia a Doreen, wrth gwrs, yn ddiweddarach yn canu'n broffesiynol gyda chwmnïau opera gorau'r wlad. Er bod gan Elizabeth, hefyd, lais godidog, ym myd seicoleg y byddai hi'n ymddiddori yn y dyfodol. Roedd Andrew bron i ddeuddeng mlynedd yn ifancach na Dennis, ond maes o law fe aeth yntau i astudio cerddoriaeth yng Nghaergrawnt, ac fe fu'n adnabyddus fel canwr o fri ac arbenigwr ar gerdd dant. Cyfrifiaduron oedd maes Sean (ddeunaw mlynedd yn ifancach na Dennis) ond roedd hwnnw, hefyd, yn medru chwarae'r ffidil. Sôn am deulu talentog!

Ond y gwersi canu cynnar hynny oedd yn gyfrifol am osod Dennis ar ben y ffordd, a buan y cychwynnodd y cystadlu eisteddfodol. Doedd Dennis ddim yn or-hoff o gystadlu, ond doedd ganddo ddim llawer o ddewis gan fod Eva'n ei 'gymell' i wneud hynny. Roedd yn gas ganddo ddysgu geiriau, ac fe fyddai'n gas ganddo golli hefyd, nid bod hynny'n digwydd yn aml. Bob dydd Sadwrn, bron, fe fyddai'r plant – ynghyd ag Eva a Marion a'i mab hithau, Huw – yn teithio o gwmpas y wlad yn y car i gystadlu yn yr eisteddfodau lleol niferus. Yn y car fe fydden nhw'n treulio cryn dipyn o'u hamser yn helpu Dennis i ddysgu a chofio geiriau'r gân yr oedd yn mynd i'w chanu'r prynhawn arbennig hwnnw.

Er mwyn diddanu eu hunain ar y daith fe fyddai pawb yn canu'n llon – Anti Marion yn dewis caneuon ac emynau Cymraeg gan amlaf (er bod mwy na hanner y rhai yn y car yn Gatholigion). Er bod Anti Marion yn un o hoelion wyth capel Calfaria yn y Bont, doedd hithau chwaith ddim yn cofio'r geiriau i gyd bob amser, a dyna pryd y byddai'n canu'r geiriau 'Ti riti riti riti ro'. Maen nhw'n ffitio pob alaw y gallwch chi feddwl amdani! Pan fyddai'r cof yn methu, mae Dennis yn taeru ei fod wedi defnyddio 'Ti riti riti riti ro' droeon wrth ymarfer ar lwyfannau enwocaf y byd opera – wel, mae'n swnio'n Eidalaidd! Mae e'n gwadu iddo erioed eu defnyddio mewn perfformiad go-iawn! Mae rhai o'i gyd-gantorion, mae'n debyg, wedi mabwysiadu'r ymadrodd hefyd ac felly, heb yn wybod iddi, mae Anti Marion annwyl wedi cael dylanwad pwysig ar y byd opera!

Un o'r rhesymau pam roedd Dennis yn ei chael hi'n anodd dysgu geiriau bryd hynny, efallai, oedd mai Cymraeg oedd iaith y rhan fwyaf o'r caneuon. Fedrai Eva a'i theulu fyth siarad Saesneg â'i gilydd, a Chymraeg oedd iaith y Bont, ond, ar yr aelwyd gartre, Saesneg oedd yr iaith bob amser. Mae'n wir fod Doc wedi datblygu rhyw arlliw o acen Gymreig wrth siarad Saesneg, ond ni ddysgodd erioed sut i siarad Cymraeg. Mae'r plant i gyd yn medru'r iaith i ryw raddau (fe fu Andrew'n astudio'r iaith yn drylwyr) ond mae diffyg hyder ynddyn nhw i'w defnyddio'n gyson. O adnabod Dennis yn dda, fe wn i ei fod yn medru ynganu'r iaith yn berffaith a'i siarad yn rhyfeddol o dda, ond oherwydd ei fod yn gymaint o berffeithydd mae'n wrthun ganddo siarad yr iaith yn wallus. Mae e hefyd yn awyddus i osgoi siomi dieithriaid wrth ddefnyddio Cymraeg sy'n medru bod yn herciog os nad oes ganddo'r cyfle i baratoi ymateb. Ond fe wn ei fod yn aml yn darllen ac yn astudio llyfrau gramadeg Cymraeg mewn ystafelloedd gwisgo dros y byd i gyd. Mae'r Gymraeg yn agos iawn at ei galon.

*   *   *

Derbyniodd Dennis ei addysg uwchradd yn Ysgol Ramadeg y Bechgyn, Tre-gŵyr. Ar y cyfan roedden nhw'n ddyddiau hapus, ond fe wnaed iddo deimlo'n 'wahanol' oherwydd ei fod yn Babydd. Roedd y bechgyn Iddewig a'r Catholigion yn cael eu cadw ar wahân i weddill yr ysgol adeg y gwasanaeth boreol, ac fe gafodd Dennis y profiad lled annifyr o deimlo'n rhan o leiafrif crefyddol. Roedd e wedi profi'r un teimladau yn y Bont, hefyd, o bryd i'w gilydd.

Teimlai ei fod wedi ei ynysu mewn ffordd arall hefyd yn yr ysgol. Oherwydd ei fod yn fychan o gorff ac yn asthmatig, doedd e'n dda i ddim ym myd chwaraeon – ac ar y pryd roedd yr ysgol yn enwog am gynhyrchu cricedwyr a chwaraewyr rygbi talentog. Unwaith yn rhagor fe'i gwnaed i deimlo'n wahanol. Anfantais arall o fod mor fach oedd ei bod hi'n demtasiwn i rai o'r bechgyn wneud eu gorau i'w fwlian yn gorfforol. Dysgodd yn gyflym iawn i'w amddiffyn ei hun – nid â'i ddyrnau, ond gyda'i dafod miniog a grym ei bersonoliaeth – nodweddion a etifeddodd heb os nac oni bai gan ei fam.

O'i holi, mae'n amlwg bod Dennis yn credu bod safon uchel iawn i'r addysg a dderbyniodd yn yr ysgol, a bod yr athrawon yn ysgolheigion proffesiynol, er efallai'n ffurfiol a phellennig eu ffordd. Mae'n siarad yn wresog a chanmoladwy iawn am Dr James, prifathro Ysgol Ramadeg Tre-gŵyr. Wrth edrych yn ôl mae'n credu efallai iddo fod yn ddisgybl 'anodd' – nid oherwydd ei fod yn fachgen drwg, stwrllyd a di-ddal, ond oherwydd ei fod braidd yn 'lletchwith' wrth dyfu i fyny. Roedd e'n ddisgybl deallus iawn, a'i chwiorydd a phawb arall yn synnu ei fod yn llwyddo cystal ac yntau'n gwneud cyn lleied o waith. Mae Patricia'n cofio iddo mewn un arholiad Lladin dynnu lluniau o filwyr Rhufeinig, ac iddo ysgrifennu'r geiriau canlynol oddi tanynt: 'Does gen i ddim syniad beth yw'r ateb. Gofynnwch iddyn nhw, fe ddylen nhw wybod!' Roedd 'na ochr ddireidus iawn i'w gymeriad, mae'n amlwg, ond chafodd e ddim marciau uchel yn yr arholiad arbennig hwnnw!

Byddai Dennis yn cyrraedd y Bont ar fws yr ysgol tua chwarter wedi pedwar y prynhawn. Fe fyddai Eva'n llygadu cloc y gegin, ac os nad oedd e yn y tŷ ddeng munud yn ddiweddarach fe fyddai 'sgowtiaid' (fel y mae Dennis yn eu disgrifio) yn cael eu danfon i weld ble roedd e. Roedd Eva wastad yn gwybod yn union ble roedd pob un o'i phlant – roedd hi'n fam ofalgar tu hwnt. Fe ddatblygodd hi dacteg seicolegol glyfar iawn hefyd er mwyn darganfod a oedd y plant wedi gwneud neu ddweud unrhyw beth y dylai hi gael gwybod amdano. Gyda Dennis, er enghraifft, fe fyddai'n ei alw ati ac yn gofyn, 'Beth yw hyn wi'n glywed?' (er nad oedd hi wedi clywed am ddim byd o gwbl). 'Mae'n llawer gwell i ti ddweud y cwbwl nawr.' Fe fyddai'r dacteg yn gweithio bob tro, ac fe fyddai Dennis wedyn yn cyffesu rhywbeth neu'i gilydd, gan ddyfalu, 'Sut yn y byd roedd Mam yn gwybod?' Flynyddoedd yn ddiweddarach fe ddefnyddiodd Dennis yr un dacteg gyda'i fab ei hun!

Mae Patricia a Doreen yn cofio Dennis yn creu 'Gêmau'r Teulu O'Neill' – rhyw fath o ffair dan do yn eu cartref yn Adelaide House yn y Bont. Roedd cystadleuaeth snwcer wedi ei threfnu, gêmau *poker* a *roulette*, a bwrdd rholio ceiniogau. Yn glyfar iawn, roedd Dennis wedi sicrhau bod rhai o'r sgwariau ar y bwrdd yn rhy fach i'r ceiniogau, ac felly *fe* oedd yn ennill gan amlaf! Un tro fe agorodd e'r 'Banc O'Neill', gan annog y merched i fuddsoddi eu hwyau Pasg yn y banc, fel y medrai ef eu gwarchod drostynt. Er mwyn cael un o'r wyau o'r banc roedd yn rhaid defnyddio'r llyfrau siec roedd Dennis wedi eu paratoi! Mae Patricia'n cofio mynd ato ryw ddydd yn awchu am siocled, a chael ei siomi o glywed y newyddion syfrdanol nad oedd yr un wy ar ôl yn ei chyfrif – roedd hi'n *overdrawn*! Dro arall, mae Dennis yn cofio Patricia'n torri ffenest y tŷ wrth chwarae criced, ac yn rhoi'r bai ar Dennis! Mae'n amlwg eu bod nhw'n blant cystadleuol iawn ymhlith ei gilydd.

Yr hyn sy'n ddiddorol yw bod Dennis yn argyhoeddedig mai ffrwyth dychymyg yw'r storïau hyn amdano fe, ond mae Patricia a Doreen yn taeru eu bod yn wir. Gwenu fyddan nhw wrth edrych yn ôl ar helyntion bore oes; does 'na ddim malais o gwbl yn yr atgofion ac, yn ddieithriad, mae'r chwiorydd yn pwysleisio bod Dennis wedi tyfu i fod yn un o'r brodyr mwyaf hael, caredig ac ystyrgar a fu erioed – bob amser yn barod â'i gymorth a'i gefnogaeth.

Wrth i'r blynyddoedd fynd heibio fe ddatblygodd ochr lawer mwy gwrthryfelgar i gymeriad Dennis. Dysgodd sut i dwyllo'i fam, hefyd! Fe fyddai'n gadael y tŷ yn y bore gan roi'r argraff ei fod yn mynd i'r ysgol, ond fe fyddai'n chware triwant, a threulio gweddill y dydd yn chwarae snwcer lawr yng nghlwb Aldo, neu'n yfed te yng nghaffi Eidalaidd Domachi. Yn y prynhawn fe fyddai'n dal bws yr ysgol ac yn dychwelyd adref yn union fel petai wedi bod yn yr ysgol drwy'r dydd.

Fe ymunodd Dennis hefyd â grŵp o'r enw The Jets fyddai'n chwarae cerddoriaeth sgiffl yn sinema'r Tivoli yn y Bont – unwaith yn rhagor yn gwbl ddiarwybod i Doc ac Eva. Ond mae'n anodd cadw cyfrinachau mewn pentref mor fach â'r Bont, a buan y daeth ei rieni i wybod beth oedd yn mynd ymlaen. Roedd Eva'n gynddeiriog o grac, ac fe fu ymddygiad Dennis yn destun gofid mawr iddi am gryn amser. Byddai'r fam a'r mab yn cweryla'n aml, ac fe wnaeth Eva ei gorau i osod cyrffyw ar Dennis, a chyfyngu'r cyfleoedd oedd ganddo i gamfihafio. Datblygodd yn frwydr chwerw rhwng dau gymeriad rhyfeddol o bwerus, a'r naill na'r llall yn fodlon ildio. Mae'n bosib bod Eva yn llawdrwm o bryd i'w gilydd, ond roedd ganddi fab a fedrai fod yn anhygoel o benderfynol a phenstiff.

Byddai Doc yn eistedd yn ei gadair ac yn codi'i aeliau gan ddweud, *'Listen to your mother, boy.'* Fe fyddai'n aml yn cyfeirio ato fel *'boy'*, ond datganiad o gariad at anwylyn oedd y gair; doedd dim arlliw o fychanu.

Efallai y medrai seicolegydd esbonio'n union beth oedd yn mynd ymlaen ym mywydau'r teulu, ond mae'n ymddangos i mi, fel ffrind sy'n edrych yn ôl ar y cyfan, mai cyfrinach llwyddiant Dennis oedd iddo etifeddu rhinweddau cryfaf y ddau riant. Roedd perthynas glòs, gariadus rhwng Dennis a'i dad. Etifeddodd ei ddeallusrwydd, a'r gallu i ddeall seicoleg pobl eraill a sut i ddarllen sefyllfa'n dda; etifeddodd ei ddioddefgarwch, ei hiwmor, a'r gallu i fwynhau ei hun. I ryw raddau, fe etifeddodd ei swildod, hefyd. Gan ei fam y cafodd e'r bersonoliaeth ddramatig, theatrig bron; yr egni, y pendantrwydd, yr ewyllys a'r dewrder i oresgyn problemau.

Mae'n wir i'r brwydro rhwng Dennis a'i fam barhau am gryn amser. Flynyddoedd yn ddiweddarach darganfu Dennis fod Eva wedi cadw llythyron un o'i gariadon cynnar, heb erioed eu dangos iddo. Roedd honno'n weithred braidd yn eithafol, efallai, ond mae Dennis ac Eva wedi hen faddau i'w gilydd, ac mae'n bwysig cofio nad oedd yr un foment rhyngddynt pan nad oeddent yn caru ei gilydd yn angerddol. Cariad, a gofal amdano, oedd unig gymhellion Eva ond, yn anffodus, doedd hynny ddim yn golygu ei bod yn gwneud y penderfyniad cymwys bob tro.

Ni fu'r un fam erioed yn fwy balch nag Eva o lwyddiant ei mab. Pan ofynnwyd iddi mewn rhaglen deledu beth, yn ei thyb hi, oedd y prif reswm am lwyddiant Dennis, ei hateb oedd, 'Roedd e bob amser mor benderfynol 'i fod e'n mynd i lwyddo.' Mae pawb sy'n adnabod Dennis yn gwybod o ble y daeth y pendantrwydd hwnnw, ac o ble y cafodd e'r tân yn y bol.

*   *   *

Bu digwyddiad arwyddocaol ym mywyd Dennis, ac yntau'n bedair ar ddeg mlwydd oed. Yn ystod Eisteddfod Genedlaethol Llanelli yn 1962 fe aeth i wrando ar y brif gystadleuaeth i denoriaid. Yr aria brawf oedd *Cielo e mar* (Nef a Môr) o'r opera *La Giocconda* gan Ponchielli. Cafodd ei syfrdanu a'i gyfareddu. O'r foment honno ymlaen, mae'n debyg, fe wyddai ym mêr ei esgyrn mai canwr opera oedd e am fod. Yn fwy na hynny, fe wyddai ei fod yntau am fedru canu'r nodau uchaf oll, mai tenor oedd e am fod. Roedd hyn ond ychydig amser ar ôl i'w lais dorri, a doedd dim sicrwydd y byddai ganddo unrhyw fath o lais canu yn y dyfodol. Ond fu ganddo erioed freuddwydion eraill – am fod yn gricedwr, yn dditectif neu'n dwrnai; canwr oedd e am fod, ac roedd ganddo'r ewyllys i oresgyn unrhyw rwystr. Roedd Dennis yn ddigon galluog i fod wedi dilyn sawl gyrfa, ond roedd e'n lwcus fod ganddo'r fath freuddwyd, oherwydd fel arall dwi'n credu y byddai Dennis wedi medru bod yn berson anniddig ac anhapus iawn weddill ei oes.

Mae'n amlwg ei fod ef ei hun yn ymwybodol o'r elfennau gwahanol a'i galluogodd i lwyddo mewn byd ymhell i ffwrdd o fywyd diogel y Bont. Mewn rhaglen radio a ddarlledwyd i ddathlu ei ben-blwydd yn hanner cant oed, cefais y cyfle i ofyn iddo beth, yn ei farn e, oedd yn gyfrifol am ei lwyddiant. Roedd ei ymateb yn adlewyrchu maint ei frwdfrydedd tuag at ei gelfyddyd a'i grefft, a hefyd ei onestrwydd fel person:

> Gan fod cyn lleied o denoriaid ar gael, mae lle i rywun fel fi ar y farchnad. Dyna'n rhannol pam i mi lwyddo.

Efallai fy mod i wedi gweithio'n galetach, wedi ymarfer yn hirach – doedd gen i ddim dewis yn hynny o beth, oherwydd roeddwn i'n llwyr ddibynnol ar gerddoriaeth, yn gaeth i gyfrinachau'r llais a chanu. Nid bod yn enwog oedd y nod, ond bod y gorau un; fyddwch chi fyth ymhlith y deg tenor gorau yn y byd heb yr uchelgais i fod reit ar ben y rhestr. Gan Dduw y cefais i fy anian, yr egni, y mwynhad o glywed y llais yn datblygu flwyddyn ar ôl blwyddyn.

Yn y pen draw mae'n bwysig cofio mai dyna'r prif reswm dros ei lwyddiant – y llais – ac nid heb ymdrech unplyg y datblygodd hwnnw i fod yr hyn ydyw heddiw.

Y Llais

Una voce poco fa
Qui nel cor mi risuonò

Clywais lais funudau'n ôl
Sy'n dal i ganu yn fy nghalon

(Act 1 *Il Barbiere di Siviglia* gan Rossini)

U N o ddywediadau enwog Rossini oedd mai dim ond tri
pheth oedd ei angen ar ganwr da – llais, llais, a mwy o
lais. Fe ddylai ef wybod, gan iddo gyfansoddi yn agos i
ddeugain o operâu. Mewn perfformiad ym Mharis yn 1825 o
William Tell, ei opera olaf, clywyd tenor yn canu un nodyn
arbennig am y tro cyntaf mewn arddull newydd – rhywbeth
fyddai'n trawsnewid y math o sain y byddai cynulleidfaoedd
yn ei ddisgwyl gan denoriaid o hynny allan. Gilbert-Louis
Duprez oedd enw'r tenor, a than y noson honno roedd e wedi
bod yn canu gan ddefnyddio arddulliau traddodiadol –
hynny yw, roedd e'n cynhyrchu'r nodau uchaf oll yn y pen,
bron mewn rhyw fath o ffalseto, meinlais oedd ond braidd yn
cyffwrdd â thannau'r llais. Doedd Duprez ddim yn hynod o
lwyddiannus wrth ganu felly, a bu'n arbrofi trwy ymarfer
dull gwahanol yn ei gartref. Darganfu, pan fyddai'n
cynhyrchu'r sain o'r frest, ei fod yn medru canu a chynnal y
nodau uchaf, gan gadw ansawdd y llais llawn. Roedd yn
medru cynnal y *chest voice*, fel y'i gelwid, yr holl ffordd i'r
top. O ganlyniad i hynny, roedd y llais yn swnio'n llawer
cryfach wrth ganu'r C uchaf – roedd yn fwy pwerus ac

arwrol, yn llawer mwy cyffrous. Syfrdanwyd y gynulleidfa ym Mharis yn 1825 gan ansawdd y nodau – doedden nhw erioed wedi clywed dim byd tebyg o'r blaen. Ni phlesiwyd Rossini ei hunan gan y sain newydd. Credai bod Duprez bellach yn swnio 'fel ceiliog yn gwawchio wrth i rywun dorri ei ben i ffwrdd'! Ond, yn y pen draw, cynulleidfaoedd sy'n penderfynu beth sy'n ffasiynol a beth sydd ddim.

Roedd yna le o hyd i'r hen arddull, ond dim ond mewn rhannau priodol a thelynegol; fel arall roedd disgwyl i'r tenor ganu'r nodau uchaf fel eu bod yn atseinio megis utgorn. Y math o sŵn, fwy neu lai, rydyn ni'n gyfarwydd ag e yn ein dyddiau ni. Mae'n rhaid bod yn ofalus wrth ganu felly, oherwydd mae'n medru creu niwed difrifol i dannau'r llais. Does ryfedd yn y byd bod rhai yn sôn i'r *bel canto* droi'n *con belto*!

Dros y blynyddoedd, nid arddull canu'r tenor yn unig a drawsnewidiwyd ym myd yr opera. Mae'r operâu a gyfansoddwyd o ganol y bedwaredd ganrif ar bymtheg ymlaen wedi eu seilio ar storïau llawer mwy realistig nag operâu cyfnod Rossini. Seiliwyd y rhai mwy diweddar ar ddigwyddiadau a chymeriadau bywyd bob dydd; maen nhw'n adlewyrchu godineb a thrais, llofruddiaeth a therfysg, yn hytrach na storïau am fywydau chwedlonol brenhinoedd a breninesau, neu helyntion y duwiau a'r duwiesau. O ganlyniad, mae cerddoriaeth Verdi, Puccini, Leoncavallo a Ponchielli, er enghraifft, yn llawer mwy dramatig, ac mae'r offeryniaeth yn creu môr o sŵn er mwyn adlewyrchu'r môr o emosiwn sy'n cael ei bortreadu ar y llwyfan.

Mae angen tipyn o lais i fedru gwthio'n eofn a chyffrous uwchben sŵn byddarol cerddorfa fawr yn ei llawn hwyliau. Dyna'n union y math o lais a feddai un o'r cantorion enwocaf a fu erioed, Enrico Caruso – llais anhygoel o bwerus. Roedd y cyfuniad o ddrama a cherddoriaeth hynod o emosiynol, ac yna lais arwrol Caruso yn canu, yn ormod i rai cynulleidfaoedd. Doedden nhw erioed wedi profi'r fath emosiwn cyn hynny. Yn aml byddai'r teimladau'n drech na

29

nhw, ac fe fydden nhw'n llewygu yn eu dwsinau. Nid y Beatles yn unig sydd wedi cael y fath effaith ar eu cynulleidfaoedd!

Yr hyn sy'n bwysig i ni ei gofio yw mai *tenor* oedd Caruso. Wrth gwrs roedd cantorion eraill, yn sopranos a baswyr ac ambell fariton enwog a chofiadwy, yn canu yn yr un cyfnod, ond y *tenor* a drawsnewidiodd y byd operatig ar ddechrau'r ugeinfed ganrif, gan ddenu miloedd ar filoedd o bobl i'r theatrau – pobl nad oeddent erioed cyn hynny wedi mynychu unrhyw gyngerdd na pherfformiad.

Mae'r garwriaeth arbennig rhwng llais y tenor a'r gynulleidfa wedi parhau byth ers hynny. Y tenor yw cymeriad canolog cynifer o operâu; fe sydd fel arfer yn concro calon yr arwres, neu'n aberthu ei hunan er mwyn hapusrwydd parhaol pob cymeriad arall yn yr opera. Gan y tenor y mae'r alawon gorau hefyd, yn aml iawn, a'r golygfeydd rhamantus sy'n medru bod yn deimladwy neu'n drychinebus. Rheswm arall pam ein bod ni dan gyfaredd llais y tenor, fel y crybwyllodd Dennis ei hunan, yw bod cyn lleied ohonyn nhw'n medru canu'n dda. Mae dwsinau o leisiau bariton a soprano gwych ymhob cenhedlaeth, ond prin hanner dwsin o denoriaid sydd ar gael ar unrhyw adeg benodol sy'n medru codi gwallt y pen o'u clywed yn canu.

Mae gen i ddwy stori sy'n dangos sut y gall llais y tenor reoli meddylfryd cynulleidfa – y naill yn stori bersonol gwbl wir, a'r llall yn chwedloniaeth bur.

Flynyddoedd maith yn ôl, mewn perfformiad o'r opera *Rigoletto* yn Naples, fe aeth y tenor ar gyfeiliorn wrth ganu'r aria enwog *La donna è mobile*. Roedd e wedi canu'n dda, ond reit ar y diwedd fe gollodd ei ffordd ar y triliau sy'n arwain at y nodyn olaf uchel a gwefreiddiol. (Gyda llaw, nodyn octef yn is a ysgrifennodd Verdi, ond fe fyddai pob cynulleidfa yn y byd yn teimlo eu bod wedi cael eu twyllo pe na byddai'r tenor yn canu'r nodyn uchel sydd bellach yn arferol!) Beth bynnag, yn Naples y noson honno, bu'n rhaid i'r tenor ymestyn y triliau, sy'n cael eu canu'n ddigyfeiliant, yn llawer hirach na'r rhai yn y sgôr, yn y gobaith y medrai ddod o hyd i'r nodyn a fyddai'n ei alluogi i lansio ei hun tuag at y nodyn terfynol. Roedd e bron fel awyren yn chwilio am le diogel i lanio. Roedd yr arweinydd yn aros, y gerddorfa'n aros, a'r gynulleidfa'n disgwyl yn eiddgar am wefr y diweddglo. O'r diwedd, cyrhaeddodd y tenor yn ôl at y sgôr. Ond, ac yntau ar fin canu'r nodyn uchaf, fe ddaeth y gerddorfa i mewn yn rhy gynnar, gan foddi'r tenor, a difetha'r uchafbwynt. Roedd yr arweinydd yn beio'r gerddorfa, yr offerynwyr yn beio'i gilydd a'r canwr, a'r gynulleidfa yn beio pawb a phopeth ac yn lluchio bagiau a chlustogau i gyfeiriad cyffredinol y llwyfan. Sôn am bandemoniwm!

Dyna'r stori ddychmygol, ond fe allai fod yn wir; mae'n haeddu bod yn wir, oherwydd mae nodau gorau'r tenor yn medru hudo cynulleidfa, yn medru cyrraedd y rhannau hynny nad yw lleisiau eraill yn eu cyrraedd.

Y stori sy'n wir bob gair yw hon. Rai blynyddoedd yn ôl fe aeth Dennis a'i deulu, fy ngwraig, Fiona, a minnau ar ein gwyliau gyda'n gilydd i Sbaen. Rhyw noson fe'n gwahoddwyd i farbiciw gan rai o'r bobl roedden ni wedi eu cyfarfod yn ystod y gwyliau. Roedd rhai ohonyn nhw wedi adnabod Dennis, ac ar ôl y bwyd a'r gwin, fe ofynnwyd iddo a fyddai'n fodlon canu am ei swper. Fel arfer mae'n gwrthod gwneud gan fod ceisiadau o'r fath yn digwydd o hyd ac o hyd, ac ar ôl bwyta ac yfed a siarad yn uchel am oriau, all y llais fyth fod ar ei orau. Ond y noson honno, er mwyn diolch am y croeso a'r bwyd, fe safodd Dennis ar ei draed a chanu.

Roedd clywed llais tenor Eidalaidd go-iawn yn canu *O sole mio* y noson honno (er mai'r lloer a'r sêr oedd yn disgleirio uwch ein pennau!) yn brofiad bythgofiadwy, ac roedd y gymeradwyaeth yn fyddarol. Ymhlith y gwrandawyr roedd merch ifanc ryfeddol o siapus a golygus. Ar amrantiad fe syrthiodd hi mewn cariad â'r llais ac, o'r herwydd, â pherchennog y llais. O flaen pawb, gan gynnwys Ellen, gwraig hyfryd Dennis, fe wnaeth y ferch yma'n gwbl amlwg ei bod hi'n ffansïo Dennis a hyd yn oed yn ei chwenychu.

Ar y pryd roedd Dennis yn agosáu at ei hanner cant oed, yn dal yn ddyn golygus iawn, mae'n wir, ond doedd e ddim mor lluniaidd ag y bu! Ond doedd dim ots am hynny, roedd y llais wedi bwrw'r ferch yn stwn. Yn rhyfeddach fyth, roedd gan y ferch hon ffrind a oedd hefyd yn hynod o bert ac, o flaen fy ngwraig innau, fe wnaeth honno'n gwbl amlwg ei bod hi â chryn ddiddordeb ynof i! Doeddwn i ddim wedi canu nac yngan gair, ac roeddwn i eisoes dros fy hanner cant ac â thipyn llai o wallt na Dennis! Yr unig reswm am fy 'llwyddiant' i oedd fy mod i'n ffrind i'r tenor. Gwir bob gair; wir i chi! Mae'n amlwg fod llais y tenor fel affrodisiac i rai menywod!

Mae'n debyg bod y dynion sy'n ymladd yn nhalwrn y teirw yn Sbaen yn medru ymddangos yr un mor ddeniadol i'r merched, ac mae'n ddiddorol cofio bod Luciano Pavarotti yn ei hunangofiant wedi ysgrifennu bod canu fel tenor yn debyg iawn i ymladd teirw. 'Mae yna elfen beryglus yn perthyn i'r ddwy alwedigaeth,' meddai. 'Fe ellwch chi ganu'n wych am dair awr, ond mae cracio ar un nodyn uchel yn ddigon i ddinistrio'r noson yn llwyr. Chewch chi ddim gwneud un camgymeriad – fel *toreador*, nac fel tenor.'

Oes, mae angen llais, llais a mwy o lais, ond hyd y gwelaf i, mae bod yn denor yn dibynnu llawn cymaint ar anian – gyda'r awydd a'r gallu i ymgiprys ag 'angau'!

*　　　*　　　*

Pan oedd yn dair ar ddeg oed mae Dennis O'Neill yn cofio iddo fynd i'r gwely ar nos Wener yn teimlo'n iach a bodlon, a chodi ar y bore Sadwrn yn credu bod arno annwyd ar fin dechrau. Ddiwrnod yn ddiweddarach roedd y llais yn swnio braidd yn drwchus, ac erbyn y bore Llun roedd y llais bachgennaidd wedi diflannu am byth, ac yn ei le roedd llais dyn ifanc. Roedd Doc yn gwenu, wrth gwrs, ond mae Dennis yn cyffesu nad oedd ganddo 'fawr o syniad beth oedd yn mynd ymlaen'! Ydy bechgyn ifainc yn dal i fod mor anwybodus am y fath bethau ag yr oedden ni 'nôl ym mhumdegau a chwedegau'r ganrif ddiwethaf? Roedd y digwyddiad yn dipyn o drychineb ym mywyd Dennis – y penwythnos canlynol roedd e i fod i ganu mewn cyngerdd mawreddog yn ysgol yr Hendy! Dyna ddiwedd ar yrfa led lwyddiannus y trebl ifanc. Mae'n cyffesu bod nifer o gantorion ifainc gwell nag ef o gwmpas y dyddiau hynny.

Mae'n disgrifio'r llais 'newydd' fel 'rhyw fath o denor rhyfeddol o ysgafn'. Mae'n syndod deall iddo ailddechrau canu'n syth. Erbyn hyn, ac yntau'n arbenigwr ar y llais, mae'n gwybod y medrai fod wedi gwneud niwed difrifol a pharhaol i'r llais wrth ganu mor ifanc. Wrth lwc wnaeth e ddim canu rhyw lawer, na chanu dim byd oedd yn rhy drwm iddo, felly ni roddwyd gormod o straen ar dannau'r llais. Yn anffodus, mae gyrfaoedd nifer fawr o gantorion ifanc addawol wedi cael eu difetha gan y temtasiwn i ganu caneuon anaddas ac, yn wir, arias operatig cythreulig o anodd, cyn i'r aparatws lleisiol ddatblygu'n llawn.

O dan y fath amgylchiadau mae'n rhaid iddynt ddarganfod technegau gwahanol ac artiffisial er mwyn cynhyrchu'r nodau hynny na ddylent, mewn gwirionedd, fod yn rhoi cynnig arnynt o gwbl. Efallai eu bod nhw'n llwyddo'n rhyfeddol o dda i gynhyrchu nodau uchel trawiadol a chyffrous dros ben, ond yn anffodus mae 'na bris i'w dalu yn nes ymlaen. Erbyn iddyn nhw gyrraedd deunaw neu ugain oed, mae llais llawer o'r cantorion ifanc yma'n pylu, yn colli'r disgleirdeb a ddylai fod yn rhan o'i ansawdd. Maen nhw'n medru swnio'n hen a blinedig flynyddoedd o flaen eu hamser.

Fe dreuliodd Dennis gryn dipyn o'i amser yn cyfeilio i'w chwiorydd, ac roedd Patricia a Doreen yn llwyddiannus iawn wrth gystadlu. Un o gyfeilyddion enwocaf yr ardal ar y pryd oedd Madam Hollaway, ac os byth y byddai ganddi broblem, yna Dennis fyddai'n ddirprwy iddi. Roedd Dennis yn aelod brwd o gerddorfa'r ysgol hefyd, ac yn chwarae'r *cello* yng Ngherddorfa Ieuenctid Gorllewin Morgannwg. Felly roedd ei brofiad a'i ddawn gerddorol yn datblygu wrth i'r blynydd-oedd fynd heibio. Bu'n canu mewn wythawd, hefyd, gyda rhai o'i ffrindiau – canu madrigalau a rhannau o ambell oratorio gan Handel – dim byd a fyddai'n gorfodi'r cantorion i wthio'u lleisiau ysgafn yn ormodol. Mae'r rhai sy'n dal i gofio perfformiadau'r grŵp hwnnw'n sôn bod safon y canu'n eithriadol o uchel.

Ailddechreuodd Dennis gystadlu mewn eisteddfodau, hefyd, ac yn un o eisteddfodau lleol yr Urdd creodd sgandal sy'n gwneud iddo wenu hyd heddiw. Mae'n enghraifft wych o'r dewrder a'r pendantrwydd cymeriad a fyddai mor bwysig iddo'n ddiweddarach yn ei yrfa. Yn y gystadleuaeth i gantorion ifanc rhwng un ar bymtheg a deunaw oed, y gân osod oedd un o ganeuon *Lieder* Schubert (*Der Atlas*, os yw Dennis yn cofio'n iawn) a honno wedi'i thrawsgyweirio i gwmpawd llais bariton. Fe benderfynodd Dennis ei chanu, yn naturiol ddigon, mewn cywair oedd yn addas i lais tenor. Fe enillodd y gystadleuaeth, ac roedd yn edrych ymlaen at gystadlu yn rhagbrofion Eisteddfod Genedlaethol yr Urdd oedd i'w chynnal y flwyddyn honno yng Nghaerdydd. Ond, yn anffodus, fe gwynodd rhywun nad oedd gan Dennis yr hawl i drawsgyweirio'r gân. Mae Dennis yn cofio hyd heddiw fod yr arweinydd ar y llwyfan, oedd fel petai bob amser yn genfigennus iawn o lwyddiant cyffredinol y teulu O'Neill wrth gystadlu, wedi cael pleser mawr wrth gyhoeddi o'r llwyfan bod Dennis yn anghymwys i dderbyn y wobr ac y byddai'n rhaid ei wahardd, felly, rhag cystadlu yn Eisteddfod Genedlaethol yr Urdd.

Fel y gellwch ddychmygu, roedd Dennis yn gynddeiriog. Mab Eva oedd hwn wedi'r cyfan! Cornelodd y person a wnaeth y cyhoeddiad a rhoi eithaf pryd o dafod iddo, gan esbonio ar yr un pryd bod rheol arall yn datgan nad oedd hawl gan neb i wahardd y wobr ar ôl iddi gael ei chyflwyno. Ond doedd dim yn tycio. Dwedwyd wrtho mai rhywun arall fyddai'n mynd ymlaen i gynrychioli'r sir yn y rhagbrofion, a dwedwyd yn blwmp ac yn blaen wrth Dennis na ddylai fynd ar gyfyl yr Eisteddfod yng Nghaerdydd.

Y dydd Llun canlynol bu'n rhaid i Dennis fynd i swyddfa Dr James, prifathro Ysgol Ramadeg Tre-gŵyr – roedd y person a wnaeth y cyhoeddiad mor orfoleddus o'r llwyfan wedi gwneud cwyn bersonol am ymddygiad Dennis. Chwarae teg iddo, roedd Dr James yn cydymdeimlo'n llwyr â safbwynt y canwr ifanc. Esboniodd wrtho fod nifer o bobl eraill, bellach, wedi eiriol ar ran Dennis, a chafodd ei annog i fynd i'r rhagbrofion yng Nghaerdydd beth bynnag.

Byddai'r rhan fwyaf o gantorion ifanc wedi dychryn ac wedi cadw draw o'r Eisteddfod, mae'n siŵr, ond am hanner awr wedi wyth ar fore'r rhagbrawf, fe aeth Dennis i'r capel penodedig, a phrynu ei docyn mynediad. Cafodd ei wahardd rhag camu drwy'r drws! Ond y beirniad y bore hwnnw oedd neb llai na Glynne Jones (Pendyrys), un o gymeriadau mawr byd cerdd yng Nghymru, a rhywun oedd wrth ei fodd mewn unrhyw wrthdaro neu ddadl. Esboniodd y sefyllfa wrth y gynulleidfa a'r cystadleuwyr eraill, gan ychwanegu ei fod yn awyddus i wrando ar Dennis O'Neill yn canu'r bore hwnnw. Ar ôl clywed pawb, dywedodd Glynne Jones y byddai'n enwi'r tri chanwr a fyddai'n mynd ymlaen i berfformio ar y llwyfan, yn ddiweddarach. Fe roddodd bàs i Dennis yn ei gar i'r maes!

Yn anffodus, doedd enw Dennis ddim ymhlith y rhai a wahoddwyd i'r llwyfan ond, yn ei feirniadaeth ar ddiwedd y gystadleuaeth, esboniodd Glynne ei fod e o'r farn bod gwir enillydd y gystadleuaeth yn eistedd yn y gynulleidfa am ei fod wedi ei wahardd rhag canu. Eglurodd y sefyllfa wrth bawb, ac fe fu'r gynulleidfa'n uchel ei chefnogaeth i Dennis yn ei drybini! Sôn am gythraul y canu, a sôn am ŵr ifanc oedd yn fodlon brwydro dros yr hyn a gredai oedd yn iawn, ac yn haeddiant iddo!

Bu Dennis yn cystadlu am flynyddoedd ar ôl hynny, a bu canu o flaen cynulleidfaoedd deallus a gwybodus yr eisteddfodau'n brofiad pwysig iddo yn ei ddatblygiad fel canwr. Aeth ymlaen i gystadlu yn yr Eisteddfod Genedlaethol, gan ddod yn ail yng nghystadleuaeth unawd y tenor yn y Bala yn 1967, ac yn fuddugol yn Eisteddfod y Barri flwyddyn yn ddiweddarach. Kenneth Bowen, tenor arall o Lanelli, draddododd y feirniadaeth. Roedd e'n uchel ei glod i'r tenor ifanc o'r Bont, ac yn rhagweld dyfodol disglair iddo.

Am flynyddoedd, Dennis oedd y canwr y dymunai pawb arall ei guro yn yr eisteddfodau, a chan ei fod e hefyd yn eithaf poblogaidd gyda'r merched, mae'n debyg i Dai Jones Llanilar a rhai o'r cantorion eraill geisio dyfalu beth oedd gan Dennis O'Neill nad oedd ganddynt hwy. Yr unig beth y medrent feddwl amdano oedd *asthma*!

Fe wnaeth Dennis yn dda yn ei arholiadau lefel O ac fe lwyddodd yn ei arholiadau lefel A, hefyd – gan wneud cyn lleied o waith â phosibl, wrth gwrs. I ryw raddau roedd yn ddrwg ganddo ei fod wedi gwneud cystal, oherwydd o ganlyniad bu ei rieni'n pwyso arno i fynd ymlaen i astudio mewn prifysgol. Mynd yn syth i ddysgu sut i ganu oedd ei ddymuniad ef ond, er gwaetha'r llwyddiant eisteddfodol, doedd neb yn y teulu o'r farn y medrai fyth ennill bywoliaeth ddigonol fel canwr proffesiynol. Mae'n debyg i Doc ddweud wrth ei frawd, Michael, yn Iwerddon, ei fod yn poeni'n arw am ei fab hynaf. 'Mae Dennis wedi cael rhyw syniad gwallgo y bydd yn gwneud ei ffortiwn fel canwr opera! Duw a'n helpo ni, does dim gobaith ganddo!'

Yn y pen draw, cafwyd perswâd ar Dennis i fynd i astudio cerddoriaeth ym mhrifysgol Sheffield. Camgymeriad fu hynny, a bu'n gas ganddo bob munud, bron, yn y ddinas honno. Fe'i ganwyd i fod yn berfformiwr, nid yn fyfyriwr ysgolheigaidd â'i ben yn ei lyfrau yn astudio theori cerddoriaeth. Treuliodd Dennis gryn dipyn o'i amser yn y flwyddyn gyntaf yn Sheffield yn cynllwynio sut i ddianc o'r lle am byth. Ond eto, bu ei gyfnod yno yn aruthrol bwysig yn ei ddatblygiad fel cerddor o'r radd flaenaf.

Mae nifer fawr o gantorion gorau'r byd, gan gynnwys un tenor poblogaidd dros ben, prin yn medru darllen cerddoriaeth o gwbl, ac yn aml mae cantorion yn medru cael eu cyfrif yn greaduriaid israddol ym myd cerddoriaeth. Mae nifer fawr o jôcs am hyn, gan gynnwys y stori am rywun yn mynd i mewn i siop i brynu ymennydd ail-law. Roedd un ymennydd yno oedd yn ymddangos fel petai erioed wedi cael ei ddefnyddio. 'O, mae'r esboniad yn syml,' meddai perchennog y siop, 'tenor Eidalaidd oedd ei berchennog cyntaf!'

Fedrech chi byth gynnwys Dennis ymhlith twpsod yr hen fyd yma. Mae ganddo feddwl craff a miniog, ac mae'n gerddor dawnus dros ben. Mae'n werth ei glywed yn cyfansoddi ar y pryd wrth y piano, yn null Brahms, Chopin neu Mahler.

*   *   *

Nid gwastraff amser oedd mynd i brifysgol – am fwy nag un rheswm! Yno, wedi'r cyfan, y cyfarfu Dennis â chyd-fyfyrwraig o'r enw Ruth Collins – merch dal, osgeiddig, olygus, urddasol ac, yn bwysicach na dim efallai, merch gall â'i thraed ar y ddaear. Fe fu Dennis yn dipyn o dderyn yn ei ieuenctid, yn ddeniadol iawn i nifer o ferched, ond roedd Ruth yn llwyddo i'w ddofi a'i gallio. Fe fu'n ddylanwad enfawr arno. Roedd Eva a Doc wrth eu boddau bod eu mab hynaf wedi darganfod rhywun cwbl 'normal', a rhywun roedden nhw fel teulu yn hoff iawn ohoni. Gobeithient hefyd y byddai Ruth yn gallu perswadio Dennis i gwblhau ei astudiaethau yn y Brifysgol.

Ar brynhawn Mercher byddai Dennis yn gadael Sheffield ac yn ei bodio hi draw i Fanceinion i gael gwersi canu gan Gwilym Gwalchmai yn y Coleg Cerdd Brenhinol yno. Wedi iddo glywed Dennis yn canu yn Eisteddfod Genedlaethol y Barri, roedd Gwilym o'r farn ei fod yn ganwr ifanc addawol iawn, ond bod angen cryn dipyn o waith ar y llais.

Roedd y cerddor a'r arweinydd Peter Gellhorn (a fu'n arwain droeon yn Covent Garden), hefyd yn hoffi llais

Dennis, ac fe ddyfarnodd wobr o gan punt iddo yn Eisteddfod Pontrhydfendigaid yn 1966 (Ysgoloriaeth i gantorion o bob llais dan 25 oed). Defnyddiodd Dennis yr ysgoloriaeth (y gyntaf i'r Eisteddfod ei chynnig, gyda llaw) i fynd i astudio am gyfnod yn yr ysgol leisiol enwog yn Barga yng ngogledd yr Eidal.

Er iddo elwa o astudio yno, bu bron iddo farw yno hefyd! Un prynhawn fe aeth grŵp o fyfyrwyr oedd yn cynnwys Dennis a'r bariton Iwan Guy o Gaerdydd, draw i nofio yn y môr – peth braidd yn dwp i'w wneud o ystyried nad oedd Dennis yn medru nofio! (Dyw e ddim yn gallu nofio hyd heddiw, na gyrru car chwaith.) Rywsut neu'i gilydd, y prynhawn hwnnw, temtiwyd Dennis allan o'i ddyfnder; roedd e wedi dychryn yn llwyr, ac fe fu 'na banics gwyllt a chryn dipyn o sblasio. Ac yntau'n suddo o dan y dŵr, yn boddi, fe welai Iwan Guy yn ei heglu hi ar draws y traeth. Dyn a ŵyr beth oedd yn mynd drwy feddwl Dennis ar y pryd, ond rhedeg nerth ei draed i nôl yr achubwr bywyd yr oedd Iwan, wrth gwrs, ac mae'n amlwg iddo ddod o hyd iddo mewn pryd, neu cofiant hynod fyr fyddai'r llyfr hwn!

Ond y gymwynas orau a wnaed â Dennis erioed, efallai, oedd pan wnaeth Gwilym Gwalchmai ei gyflwyno i Frederick Cox – Pennaeth Adran Astudiaethau Lleisiol yng Ngholeg Cerdd Brenhinol Manceinion. Roedd hwnnw'n hyfforddwr talentog dros ben, ac fe fu rhai o gantorion enwocaf Prydain yn fyfyrwyr iddo. Roedd cefndir Frederick Cox yn un diddorol iawn. Seicolegydd oedd e o ran hyfforddiant, ond fe fu'n canu fel tenor proffesiynol am gyfnod, cyn iddo benderfynu na fyddai ei lais fyth yn ddigon da i wneud gyrfa ohono. Aeth, felly, i weithio fel cyfeilydd i rai o hyfforddwyr llais gorau'r Eidal, a dyna ble dysgodd e'r cyfrinachau a'r medrusrwydd lleisiol a'i gwnaeth yn hyfforddwr chwedlonol ym Mhrydain. Perthynai i ddosbarth yr uchelwyr, bonheddwr o Sais yn yr hen draddodiad Fictorianaidd – gŵr diwylliedig, tirion a charedig, ond un oedd yn gwbl onest wrth ddadansoddi ac asesu'r lleisiau ifanc a ddeuai ato i'r Coleg.

Wrth glywed Dennis yn canu am y tro cyntaf, dywedodd wrtho, 'Mae 'na lais yno, ond dydych chi ddim yn rhyw lawer o ganwr'. Credai Cox bod personoliaeth canwr yr un mor bwysig â meddu ar lais addawol; roedd e am i'r ddwy elfen, y llais a'r bersonoliaeth, fod ynghlwm wrth ei gilydd, yn anwahanadwy. Defnyddio'r llais i gyfleu a mynegi teimlad ac emosiwn oedd yn bwysig iddo, nid cynhyrchu nodau gwefreiddiol yn unig.

Flynyddoedd yn ddiweddarach, a Dennis ar drothwy gyrfa lwyddiannus, fe wnaeth yr *Observer* gynnwys ei enw mewn rhestr o bobol ifanc a fyddai'n debygol, yn eu tyb nhw, o serennu rywbryd yn y dyfodol. Yn yr erthygl, fe holwyd Frederick Cox am yr hyn a gofiai am y tro cyntaf iddo gyfarfod â Dennis. Yr hyn oedd wedi gwneud argraff arno, meddai, oedd 'bod Dennis wedi gwisgo ei siwt orau, yn union fel unrhyw Gymro bach, ond roedd hi'n amlwg bod Eidalwr yn cuddio o'i fewn ac yn brwydro am gael dod mas!' Geiriau proffwydol dros ben!

Yr Yrfa Gynnar

Le dirò con due parole
Chi son, e che faccio,
Come vivo

Dwedaf wrthyt mewn dim o eiriau
Pwy ydwyf, beth yw fy ngwaith,
A sut yr wyf yn byw.

(Act 1 *La Bohème* gan Puccini)

DOEDD dim angen i Frederick Cox ddweud wrth Dennis fod ganddo gryn dipyn o waith i'w wneud ar y llais; roedd Dennis yn gwybod yn well na neb beth yn union oedd ei wendidau fel canwr. Er nad oedd unrhyw sicrwydd y gallai fyth gywiro'r gwendidau hynny, fe benderfynodd roi'r gorau i'r Brifysgol, a chanolbwyntio'n llwyr ar yrfa fel canwr proffesiynol. Twpdra, efallai, ond roedd ganddo freuddwyd, ac roedd yn benderfynol o'i gwireddu.

Mae Dennis ei hun yn disgrifio'i lais yn y cyfnod cynnar hwnnw fel 'Llais ysgafn, ysgafn; llais melys, telynegol tu hwnt, heb fawr o gewc ar y nodau uchaf. Dim ond medru cyffwrdd â'r nodyn A oeddwn i, ei wasgu allan heb fedru ei gynnal na dodi unrhyw bwysau i mewn i'r sain.' Ewch chi ddim yn bell ar gwmpawd mor gyfyng, nac ar lais bach sy'n methu canu uwchben cerddorfa.'

Ond fe wyddai Dennis bod llais bach yn medru datblygu'n llais tipyn cryfach a swmpus dim ond iddo gael ei drin a'i feithrin yn ofalus. Felly dechreuodd ar y broses hir a phoenus o gydweithio gyda Frederick Cox i ddysgu sut i reoli'r cyhyrau lleisiol, y llengig, sef y diaffram, a deall y newidiadau sy'n digwydd o fewn y laryncs a siâp y geg wrth ganu. Fu 'na erioed ddisgybl mwy parod i wrando ac ymarfer yr hyn a ddywedwyd wrtho. Wrth ddysgu canu'r piano yn blentyn, roedd Dennis yn treulio cymaint o amser yn ymarfer nes bod ei chwiorydd yn gorfod gofyn i'w mam ei symud bant o'r piano, oherwydd doedd neb arall yn medru mynd ar ei gyfyl. Roedd ganddo'r un brwdfrydedd nawr wrth astudio gyda Frederick Cox, ac fe fyddai Dennis hefyd yn treulio cryn dipyn o'i amser sbâr yn mynychu cyngherddau ac yn gwrando ar recordiau rhai o denoriaid enwocaf y byd – unrhyw beth er mwyn deall sut y bydden nhw'n llwyddo i ganu nodyn arbennig neu'n brawddegu rhyw gymal cerddorol.

Pan ddaeth yn amser iddo ddechrau ar ei yrfa broffesiynol, roedd nifer fawr o'r technegau heb eu meistroli'n llawn, ac roedd ambell beth y soniodd Frederick Cox amdano ynglŷn ag elfen seicolegol canu a pherfformio, na fyddai Dennis yn eu llwyr ddeall am flynyddoedd lawer i ddod. Ond roedd y llais wedi cryfhau rhywfaint, roedd mwy o ddisgleirdeb yn yr ansawdd ac, os rhywbeth, roedd y llais yn felysach nag erioed – llais pert, llais dymunol iawn i wrando arno. Roedd Dennis yn teimlo'n fwy hyderus wrth ganu'r nodyn A, hefyd, ond gwyddai fod yn rhaid iddo ddysgu sut i ymestyn y cwmpawd a chyrraedd at o leiaf ddau nodyn yn uwch, sef i fyny at y nodyn C, a thu hwnt os yn bosibl. Dylsai pob tenor gwerth ei halen feddu ar gwmpawd o ddwy octef o leiaf.

Profiad annifyr a digalon yn aml i ganwr ifanc yw gorfod mynd i ganu o flaen y gwybodusion cerddorol mewn clyweliadau. Mae meistroli'r nerfau yn anodd, ac mae'n demtasiwn i ymdrechu'n rhy galed, ac i ganu caneuon sy'n rhy anodd. Caneuon gan Mozart y byddai Dennis yn eu perfformio gan amlaf mewn clyweliadau, a hynny'n bennaf oherwydd bod y nodau uchaf o fewn ei gyrraedd.

Gan obeithio y byddai mwy o waith ar gael iddo yn

Llundain, symudodd Dennis i fyw i'r brifddinas, a chafodd wahoddiad gan Peter Gellhorn (a ddyfarnodd y wobr iddo yn Eisteddfod Pontrhydfendigaid flynyddoedd ynghynt) i ymuno â'r BBC Singers am gyfnod o chwe mis. Bu hynny'n brofiad gwerthfawr iddo, ond ar ôl i'r cytundeb ddod i ben doedd dim arlliw o unrhyw waith canu arall.

Bellach roedd Dennis yn byw mewn twll o fflat 'gwirioneddol echrydus' yn ardal Crystal Palace. Roedd yn rhaid talu rhent rywsut, ac felly dyma ddechrau ar amryw o alwedigaethau er mwyn cadw'r ddau ben llinyn ynghyd. Bu Dennis yn dysgu Saesneg i fyfyrwyr tramor, yn chwarae'r organ mewn cartref i blant amddifad, ac yn athro cerdd mewn ysgol yng ngogledd Llundain. Am gyfnod bu'n rhoi gwersi canu'r piano i blant llysgenhadon. Byddai'r plant yn cyrraedd y twll o fflat mewn ceir Mercedes crand, a *chauffeur* yn eu gyrru! O bryd i'w gilydd byddai Dennis yn chwarae'r piano mewn ambell dafarn neu glwb er mwyn ennill arian – y papur wal cerddorol na fydd neb yn talu sylw iddo. Hyd heddiw mae'n mynd allan o'i ffordd i wrando ar unrhyw un sy'n gorfod chwarae yn y fath sefyllfa anodd, ac yn canmol yn hael os yw'r chwaraewr yn ei haeddu.

Yn 1970 fe briododd Dennis â Ruth Collins, ac roedd eu blynyddoedd cyntaf gyda'i gilydd, o ran eu sefyllfa ariannol, yn ddigon anodd a dweud y lleiaf. Fe fyddai wedi bod yn ddigon hawdd i Dennis roi'r ffidil yn y to ac anghofio am y freuddwyd, am yr uchelgais. Ond fyddai Dennis byth yn gwneud hynny ac, os rhywbeth, fe fu'r anawsterau ariannol ar ddechrau ei yrfa yn fodd i brofi iddo fe'i hunan bod ei bwrpas, ei nod, mor ddi-syfl a digyfnewid ag erioed. Roedd Ruth yn ei gefnogi gant y cant hefyd.

Fe fu'r trafferthion lleisiol, hyd yn oed, yn y cyfnod cynnar, yn fendith mewn llawer ffordd – fe'i gorfodwyd i weithio'n hir a chyson er mwyn goresgyn y gwendidau hynny. Bellach, mae'n anodd meddwl am unrhyw ganwr arall sy'n meddu ar y fath ddealltwriaeth sut a pham mae'n medru cynhyrchu ac amrywio nodyn neu sain arbennig –

mae Dennis nawr yn feistr ar dechneg llais. Mae nifer o gantorion sydd wedi eu breintio â lleisiau da naturiol, nad ydynt wedi gorfod gweithio ar dechneg cynhyrchu llais erioed ac, o'r herwydd, maen nhw wedi wynebu problemau lleisiol dirfawr yn ddiweddarach yn eu gyrfa. Fe aeth gyrfa Dennis o nerth i nerth, ac er na wyddai hynny ar y pryd, wrth gwrs, ei ymdrech i oresgyn y trafferthion cynnar oedd y sylfaen i'w lwyddiant yn ddiweddarach yn ei yrfa.

Ac roedd Ffawd yn sicr o'i blaid, a'r angel gwarcheidiol yn dal i ofalu amdano. Roedd angen ychydig bach o lwc arno i gicdanio'i yrfa broffesiynol, ac fe'i cafodd. Yn 1972 fe ddarganfu cwmni Scottish Opera For All fod ganddynt broblem annisgwyl – fe ymddiswyddodd eu tenor cyflogedig ar fyr rybudd. Cynhaliwyd clyweliadau ar frys gwyllt, a Dennis gafodd y swydd. Hyd heddiw mae'n argyhoeddedig mai'r rheswm am ei lwyddiant oedd mai mis Awst oedd hi, a bod pob tenor arall gwerth ei halen eisoes yn gweithio yn rhywle arall, neu ar ei wyliau!

Ymhlith ei gilydd fe fyddai'r cantorion yn cyfeirio at y Cwmni hwn nid fel 'Opera i Bawb', ond yn hytrach fel 'Opera am Ddim'. Roedd y treuliau o ugain punt yr wythnos (ac roedd angen pob ceiniog oherwydd bod y cwmni'n teithio gymaint) bedair punt yn fwy na'r tâl wythnosol am ganu! Ond roedd yn brofiad gwych, ac wrth i'r cwmni deithio o gwmpas ynysoedd pellennig Shetland ac Erch (Orkney), fe gafodd Dennis y cyfle i ganu rhannau mor wahanol i'w gilydd â Ramiro yn La Cenerentola gan Rossini a'r Dug yn Rigoletto gan Verdi. Yn aml, byddai'n rhaid perfformio bump o weithiau'r wythnos. Canu i gyfeiliant piano y bydden nhw, wrth gwrs, a doedd maint y llais felly ddim yn gymaint o broblem i'r cantorion. Ymhlith y cantorion eraill yn y cast roedd Malcolm Donnelly, John Tranter a Phyllis Cannon – enwau adnabyddus iawn bellach ym myd opera. Fe fu mudiad 'Opera i Bawb' (roedd fersiwn cyffelyb yng Nghymru am flynyddoedd) yn feithrinfa bwysig iawn i gantorion ifanc.

Mae gwaith yn esgor ar waith, ac ni fu'n rhaid iddo aros

yn hir am y cynnig nesaf. Yn 1974 cafodd Dennis ei dderbyn fel aelod o gorws opera Glyndebourne. Trwy gyd-ddigwyddiad hapus roedd ei chwaer, Patricia, a oedd hefyd ar drothwy gyrfa hynod lwyddiannus fel unawdydd, yn aelod o'r corws ar yr un adeg. Tra oedd yn gweithio yn Glyndebourne cafodd Dennis gynnig gan Gwmni Teithiol Glyndebourne i ganu rhan Triquet yn yr opera *Eugene Onegin* gan Tchaikovsky. (Roedd Doreen yn aelod o'r corws ar y daith honno.) Mae rhan Triquet yn un weddol fychan, ond mae'n bosib gwneud rhywbeth â chymeriad yr athro cerdd ecsentrig hwn. Mewn adolygiad (un o'r rhai cyntaf i mi ddod ar ei draws) soniwyd bod Dennis 'yn haeddu clod arbennig am gameo gwych a lliwgar'. Mae'n amlwg bod dawn actio gynhenid ganddo hefyd, ac roedd e'n berchen ar bresenoldeb llwyfan dymunol iawn.

Yn bwysicach fyth, efallai, roedd ganddo ryw ddawn anhygoel i fod yn y man iawn ar yr amser iawn. Lwc, ffawd, angylion gwarcheidiol! Galwch nhw beth a fynnoch chi, mae enghreifftiau di-ri o'u dylanwad ar fywyd a gyrfa Dennis O'Neill. Cyfarwyddwr cerdd y cwmni teithiol yn Glyndebourne oedd Myer Fredman a benodwyd ond ychydig amser yn ddiweddarach i fod yn rheolwr cwmni newydd – Cwmni Opera Talaith De Awstralia. Roedd angen tenor ifanc addawol arno i fod yn rhan o'r tîm newydd. Doedd dim angen iddo edrych ymhellach, wrth gwrs, na'r tenor o Gymro oedd newydd ganu iddo, gan hudo cynulleidfaoedd â'i lais melfedaidd.

Felly fe ddiflannodd Dennis a'i wraig, Ruth, i Awstralia am dair blynedd, ac roedd e wrth ei fodd yno. Hyd heddiw mae ganddo le arbennig yn ei galon i Awstralia. Sosialydd i'r carn fu Dennis erioed, ac roedd y gymdeithas ddiddosbarth, traed-ar-y-ddaear yno, yn ei siwtio i'r dim; hoffai union-gyrchedd y bobl – pawb yn gyfartal a neb yn gofidio am acen na statws. Roedd y bwyd a'r gwin yn ei blesio hefyd. Ni fu Dennis erioed yn or-hoff o wres na phelydrau'r haul, ond bu'r hinsawdd a'r awyr iach yn Awstralia'n gymorth mawr i reoli'r *asthma* am gyfnod.

44

Ond y peth pwysicaf, wrth gwrs, oedd mai yn Awstralia y cafodd y cyfle a'r llonydd i ymarfer a gweithio ar y llais, heb fod neb o bwys yn y byd cerddorol yn gwrando ar rai o'r arbrofion lleisiol hynny. Roedd teithio am filltiroedd lawer mewn gwres chwilboeth, drwy'r anialwch weithiau, i berfformio mewn trefi a phentrefi diarffordd, yn waith caled, ond yn dipyn o sbort hefyd. Mae Dennis wedi cadw mewn cysylltiad agos ag aelodau'r Cwmni hwnnw bron i gyd, ac fe gafodd nifer ohonyn nhw yrfaoedd llwyddiannus iawn fel cantorion ar ôl bwrw prentisiaeth gyda Chwmni Talaith De Awstralia. Bron i ugain mlynedd yn ddiweddarach, wrth gwrs, byddai Dennis ei hun yn dychwelyd fel brenin i Awstralia i ganu'r prif rannau yn nhŷ opera enwog Sydney.

Ond 'nôl yn 1974 roedd angen cryn dipyn o waith o hyd ar y llais. Rhannau cymharol ysgafn fyddai Dennis yn eu canu yn Awstralia, tebyg i ran Ferrando yn yr opera *Cosi fan Tutte* gan Mozart, ond roedd e'n dechrau awchu am gael rhoi cynnig ar gerddoriaeth â mwy o swmp dramatig yn perthyn iddi. Penderfynodd ganu mewn cystadleuaeth yn Awstralia. Dysgodd yr aria hir ac anodd *Tu che a Dio spiegasti l'ali* (Lledaenaist dy adenydd ac esgyn at Dduw) o act olaf *Lucia di Lammermoor* gan Donizetti. Roedd y nodyn olaf yn rhy uchel iddo mewn gwirionedd, ond rhywsut rywfodd llwyddodd i'w gyrraedd. Cafodd y beirniad air personol â Dennis ar ddiwedd y gystadleuaeth, a dweud wrtho 'Os medrwch chi ddatrys problemau'r nodau uchaf oll, yna dwi'n credu bod gennych lais arbennig ac fe fedrai'r byd operatig i gyd fod yn perthyn i chi ryw ddydd.'

Dyna'n union y math o hwb oedd ei angen arno, ac fe dyfodd Dennis yn fwy hyderus o hynny ymlaen. Roedd e'n dal i gadw mewn cysylltiad â Frederick Cox, ac fe fyddai'n ymarfer unrhyw gyngor ac awgrym a gâi ganddo, yn drylwyr a chyson. Ond symud ymlaen trwy brofi a methu a wnaeth Dennis yn y diwedd. Gwyddai'n union pa fath o sain y chwiliai amdano yn y llais. Arfer yw'r unig athro, medden nhw, ond dim ond os bydd i chi ymarfer yr hyn sy'n iawn a chywir – does dim pwynt dyfalbarhau â thechnegau gwallus.

Bu Dennis yn glinigol ofalus wrth ddewis a dethol rhwng beth oedd yn gweithio neu ddim yn gweithio gyda datblygiad y llais. Yn fuan roedd y Cwmni yn Awstralia yn ystyried cynnig rhannau llawer mwy dramatig iddo, ac roedd wrth ei fodd pan gafodd ganu rhan Rodolfo yn *La Bohème* gan Puccini. Mae'n wir fod yn rhaid iddo drawsgyweirio *Che geli da manina* (Mor oer dy law) hanner tôn yn is, ond fel arall roedd y nodau eraill yn yr operà i gyd o fewn cwmpawd ei lais. O bryd i'w gilydd, wrth ymarfer, fe fedrai ganu'r nodyn C bondigrybwyll hefyd – felly fe wyddai bod hwnnw, hyd yn oed, yn bodoli'n ffisiolegol o'i fewn, ond y byddai'n rhaid iddo ddysgu ei reoli a'i ganu'n gadarn a chyson. Fe gymerai hynny rai blynyddoedd eto, ond bellach roedd yr elfennau angenrheidiol i gyd yn syrthio'n briodol i'w lle; yn hytrach na dim ond gobeithio am yrfa lwyddiannus, fe wyddai Dennis yn sicr, bellach, ei bod hi o fewn ei afael.

*   *   *

Yn ogystal â chael y llais a'r nodau'n iawn, mae Dennis yn argyhoeddedig hefyd bod yn rhaid i ganwr deimlo a meddwl fel tenor – bod yn rhaid iddo gael y tân yn ei fol, a'r awydd a'r angen i fedru canu'r nodau uchel gwefreiddiol. Mae'n feistr ar hyfforddi'r llais, bellach, ac yn aml, wrth glywed canwr ifanc a fedrai fod yn fariton neu'n denor o ran llais a chwmpawd, cwestiwn pwysig i Dennis yw, 'A oes meddylfryd tenor ganddo?'

Pan ddychwelodd o Awstralia yn 1976 roedd Dennis, oherwydd ei fod wedi meistroli cryn dipyn ar dechnegau'r llais, yn teimlo'n llawer mwy hyderus fel person yn ogystal ag fel canwr. Dwi'n cofio Alun John, arweinydd adnabyddus iawn a chyn-gynhyrchydd rhaglenni cerdd yn y BBC, yn dweud iddo gael sioc wrth glywed Dennis yn canu yn y cyfnod hwn. 'Bu gan Dennis lais prydferth o'r cychwyn

46

cyntaf,' meddai, 'ond llais bach iawn oedd e. Ar ôl iddo ddod yn ôl i Gymru, fedrwn i ddim credu bod y llais wedi cryfhau cymaint, ei fod e mor ddramatig a chyffrous.' Gwir y dywedodd Alun, ond rhan o'r gyfrinach oedd bod holl bersonoliaeth Dennis yn fwy nerthol a hyderus – roedd y berthynas seicolegol anwahanadwy honno rhwng y llais a'r bersonoliaeth y soniodd Frederick Cox amdani, yn dechrau gwneud synnwyr.

'Nôl ym Mhrydain, daeth Ffawd i'w gynorthwyo unwaith yn rhagor. Mae'n stori sy'n swnio'n gyfarwydd bellach! Ar fyr rybudd, penderfynodd un o brif denoriaid Cwmni Opera Cenedlaethol yr Alban, Graham Clarke, ei bod hi'n bryd iddo adael y Cwmni. Roedd yn rhaid cael tenor arall i gymryd ei le cyn gynted â phosibl. Cofiodd rhywun bod Dennis wedi dychwelyd adref o Awstralia a'i fod e'n chwilio am waith. Gwahoddwyd Dennis i ganu mewn clyweliad yn Glasgow, o flaen Syr Alexander Gibson, rheolwr cerdd Cwmni Opera Cenedlaethol yr Alban. Teithiodd Dennis yno ar y trên, ac aros mewn gwesty a drefnwyd iddo gan y Cwmni – roedd hynny, hyd yn oed, yn gam ymlaen oherwydd dyna'r tro cyntaf erioed i neb dalu treuliau iddo am fynd i glyweliad!

Ar ddiwedd y gwrandawiad, neidiodd Syr Alexander Gibson i'r llwyfan i'w gofleidio a'i longyfarch. Gofynnodd iddo yn *Gymraeg*, credwch hynny neu beidio, pryd y medrai ddechrau gyda'r Cwmni. (Roedd Syr Alexander Gibson wedi dyweddïo â merch o Gymru ar un adeg, sy'n esbonio pam ei fod yn medru rhywfaint ar yr iaith.) Symudodd Dennis a'i wraig ifanc i fyw i Glasgow yn fuan wedyn.

Mae'n arwyddocaol mai i'r Alban y bu'n rhaid i Dennis fynd i ennill ei damaid ac i ennill ei blwyf operatig. Doedd gan Gwmni Opera Cenedlaethol Cymru ddim diddordeb ynddo ar y pryd, ac mae'n ymddangos bod y Cwmni'n ddall (neu'n fyddar) i'r addewid amlwg. Mae'n ofid parhaus i mi bod ein Cwmni Cenedlaethol, hyd heddiw, braidd yn gyndyn i ddefnyddio nifer o'r cantorion Cymreig hynny sy'n uchel eu parch mewn cwmnïau eraill ym Mhrydain ac ar draws y byd operatig. 'Sgwn i beth yw'r rheswm? Gobeithio y bydd tro ar fyd gyda phenodiad John Fisher ym mis Mai 2006 i fod yn rheolwr cyffredinol newydd Cwmni Opera Cenedlaethol Cymru.

Fe fu Syr Alexander Gibson yn ffrind agos ac yn ddylanwad pwysig ym mywyd a gyrfa Dennis. Ar y dechrau, rhannau gweddol fychan y byddai'n eu canu yn Glasgow, ond fe fyddai'n ddirprwy-ganwr i nifer o'r prif gantorion, ac felly fe fyddai Dennis yn cael cyfle i ddysgu *repertoire* eang ac amrywiol. O bryd i'w gilydd hefyd, fe fyddai Syr Alexander Gibson yn dweud wrth ryw ganwr neu'i gilydd nad oedd angen iddo fod yn bresennol yn y rihyrsal y diwrnod canlynol, ac y byddai'n hytrach yn gwrando ac yn ymarfer y dirprwy yn y rhan. O ganlyniad, fe fyddai Dennis yn magu hyder a phrofiad amhrisiadwy, ac fe fyddai Syr Alexander yn medru cadw llygad (a chlust) ar ddatblygiad y canwr ifanc o Gymro.

Roedd e'n llawer hapusach gyda Dennis nag oedd e gyda thenor o Sgandinafia – fe gafodd hwnnw'r sac, a gofynnwyd i Dennis a fedrai canu rhan y tenor yn yr opera *La Bohème*. Fe ddywedodd Dennis ei fod eisoes wedi perfformio'r opera yn Awstralia, ond ni ddywedodd mai yn Saesneg y canodd e ran Rodolfo yno! Roedd ganddo bedwar diwrnod i ail ddysgu'r rhan yn yr iaith Eidaleg, a llwyddodd i wneud hynny, wrth gwrs.

Mae'n bwysig bod rhywun yn cael y cyfle i ddisgleirio ond, o gael y cyfle, mae'n rhaid cael y dalent angenrheidiol hefyd, i fedru manteisio ar y cyfle hwnnw. Anaml y caiff neb ail gyfle. Fe gafodd Dennis lwyddiant ysgubol yn canu rhan Rodolfo y noson honno. Llwyddodd hyd yn oed i ganu'r nodyn C ar ddiwedd yr aria *Che geli da manina*; doedd e ddim yn hollol siŵr sut, a wnaeth e ddim 'hongian o gwmpas ar y nodyn'! Ond y peth pwysig oedd ei fod e wedi taro'r nodyn. Cafodd e a'r soprano, Isobel Buchanan, oedd yn canu rhan Mimì, eu canmol i'r cymylau.

Am y tro cyntaf roedd prif bapurau'r wasg Brydeinig wedi cael cyfle i glywed Dennis yn canu un o rannau pwysicaf y *repertoire* operatig, ac roedd yr adolygiadau'n wresog dros ben. Yn ôl y cylchgrawn cerddorol *Music and Musicians* roedd ei lais yn 'eu hatgoffa o José Carreras ac, ar brydiau, o Luciano Pavarotti.' Canmoliaeth yn wir! O fewn dim roedd adolygydd y *Sunday Times* yn sôn bod llais Dennis yn debyg i lais un o gewri arall y byd operatig, Carlo Bergonzi, a doedd hi ddim yn syndod i neb bod gohebydd arall, o fewn wythnos neu ddwy, yn ei gymharu â Placido Domingo! Sothach oedd hyn, wrth gwrs, waeth mae'r lleisiau hyn i gyd yn wahanol iawn i'w gilydd, ac mae'n amhosib swnio'n debyg i bob un ohonyn nhw ar yr un pryd! Ond mae'r sylwadau'n profi'n ddi-os bod yr adolygwyr yn cydnabod bod gan Dennis lais arbennig y gellid ei gymharu â'r goreuon.

Ymhlith llwyddiannau eraill yn yr Alban yr oedd rhan Belmonte yn yr opera *Il Seraglio* gan Mozart, a chredai'r *Daily Telegraph* ei fod yn dangos 'angerdd gloyw' yn y llais ac yn ei bortread o'r glaslanc Fenton yn yr opera *Falstaff* gan Verdi. Mae'n hawdd anghofio bod Dennis, y dyddiau hynny, yn fain o gorff, a'i wallt a'i lygaid tywyll yn rhoi wynepryd Eidalaidd trawiadol iawn iddo. Mae'n ddiddorol hefyd bod yr adolygiadau wedi ei ganmol yn *Il Seraglio* oherwydd, ar ôl iddo ei sefydlu ei hun fel canwr, bu Dennis yn gyndyn iawn i ganu mewn operâu gan Mozart. Cafodd lwyddiant, mae'n wir, wrth ganu rhan Idomeneo i Gwmni Opera Cenedlaethol Cymru flynyddoedd yn ddiweddarach, ond yn aml mae Dennis yn sôn (gan wenu) mai 'Fi yw ysgrifennydd anrhydeddus y Gymdeithas yn Erbyn Cerddoriaeth Mozart, a'r arweinydd, Syr Edward Downes, yw Llywydd y Gymdeithas!'

Roedd y cyfnod yn Glasgow yn un hapus iawn i Dennis a Ruth. Yn un peth, yno y ganwyd eu dau blentyn – Clare ym mis Gorffennaf 1977, a Sean ym mis Rhagfyr 1979. Ond hefyd roedd Dennis yn hoff o ffraethineb a hiwmor y brodorion – roeddent yn ei atgoffa'n aml o'r cymeriadau hynny a welai'n ddyddiol o'i gwmpas ym Mhontarddulais yn nyddiau ei ieuenctid. Medrai Dennis siarad mewn acen Glaswegaidd, hefyd – mae ganddo dalent ddynwaredol ddoniol iawn.

Wrth ganu gyda Chwmni Opera Cenedlaethol yr Alban, enillodd Dennis ysgoloriaeth gwerth mil o bunnau yn rhoddedig gan Gymdeithas Frenhinol y Celfyddydau, a'i galluogodd i fynd i'r Eidal i astudio am gyfnod. Ei fwriad gwreiddiol oedd mynd i astudio gyda'r tenor enwog o Beriw, Luigi Alva, arbenigwr ar gerddoriaeth Rossini a Mozart, ond newidiodd Dennis ei feddwl a mynd, yn hytrach, i Mantua, at Ettore Campogalliani, a fu ar un adeg yn hyfforddi Luciano Pavarotti a'r soprano Mirella Freni.

Roedd Campogalliani yn arbenigo mewn *repertoire* Eidalaidd llawer mwy dramatig nag arbenigedd Luigi Alva, ac roedd y newid meddwl ar ran Dennis yn profi ei fod e bellach yn argyhoeddedig mai wrth ganu cerddoriaeth Verdi a Puccini y byddai'n debygol o wneud enw iddo'i hun yn y byd operatig. Roedd yn benderfyniad arwyddocaol, ac yn benderfyniad hynod ddewr a dweud y lleiaf.

Llwyddiant

All'alba vincerò!
Vincerò! Vincerò!
Ar doriad gwawr buddugoliaeth ddaw i'm rhan!
Buddugoliaeth! Buddugoliaeth!

(Act 3 *Turandot* gan Puccini)

Y<small>N</small> 1979 y daeth yr alwad – y gwahoddiad y bu Dennis yn aros amdano. Cafodd gynnig canu rhan Alfredo yn yr opera *La Traviata* gan Verdi i Gwmni Opera Cenedlaethol Cymru. Ar noson gyntaf y cynhyrchiad, ym mis Ebrill y flwyddyn honno, y tenor John Treleaven oedd yn canu'r rhan, ond yn nhymor yr Hydref fe gafodd Dennis ei gyfle o'r diwedd. Roeddwn i yn y gynulleidfa'r noson honno yn y Theatr Newydd yng Nghaerdydd ac fe gollais fy llais wrth floeddio canmoliaeth ar ddiwedd y perfformiad! Roedd blynyddoedd wedi mynd heibio ers i mi glywed Dennis yn canu mewn cyngerdd yn Llanelli, a than y noson honno a'r perfformiad o *La Traviata*, doeddwn i ddim erioed wedi cael y cyfle i'w glywed yn canu'n fyw mewn opera Eidalaidd.

O'r nodyn cyntaf roedd hi'n amlwg fod ganddo lais godidog, cystal â'r goreuon yn y byd; llais a fedrai ganu'n delynegol hudolus, gyda *mezza voce* fel mêl, ond a feddai hefyd ar y 'ping' dramatig, cyffrous hwnnw a fedrai godi gwallt y pen pan fo angen. Fe ganodd Dennis yr *ensemble* enwog *Libiamo* (Yfwn yn llon) gystal ag unrhyw berfformiad i mi ei glywed ar record; roedd ei ddehongliad o'r aria *De' miei bollenti spiriti* (Ym merw fy nheimladau) yn llawn emosiwn ac eto'n gwbl feistrolgar, a'r ddeuawd *Un dì felice* (Rhyw ddydd nefolaidd hapus) gyda'r soprano, yn gerddorol berffaith. Yn aml mae cynulleidfa'n medru synhwyro'n reddfol os yw canwr mewn trafferthion, os yw'n gorfod ymdrechu i gyrraedd a chynnal y nodau – ac weithiau maen nhw'n medru teimlo'n nerfus gyda'r canwr, druan. Ond y noson honno yng Nghaerdydd roedd y gynulleidfa wedi ymlacio'n llwyr, gan fod Dennis yn frawychus o feistrolgar. Mae angen y nodyn C hwnnw ar y tenor yn ail act yr opera, y nodyn y bu cymaint o'i ofn ar Dennis yn y blynyddoedd blaenorol, ond y noson honno doedd e ddim yn drafferth o gwbl.

Flynyddoedd yn ddiweddarach fe gyffesodd Dennis i mi mai wrth gymryd cawod, dim ond rhyw ddwy awr cyn y perfformiad o *La Traviata* yng Nghaerdydd, y darganfu, o'r diwedd, sut i ganu'r nodyn uchel hwnnw yn yr ail olygfa. Roedd e wedi canu'r nodyn droeon yn ystod yr ymarferion, wrth gwrs, ond doedd e ddim yn gallu ei fwrw'n rheolaidd, a doedd Dennis ddim yn hapus gydag ansawdd y sain. Yn y gawod, wrth barhau i arbrofi, newidiodd eiriau'r aria fel ei fod yn canu'r C uchaf nid ar *laverò* fel sydd yn y libreto, ond ar y gair *Ahimè!* O wneud hynny, oherwydd bod cyfuniad y llafariaid yn llawer haws eu rheoli, medrai danio'r nodyn allan yn hyderus a chyffrous dro ar ôl tro.

Dyna wnaeth e yn y perfformiad, ac roeddwn i'n dyst iddo wefreiddio'r gynulleidfa. Gwyddai Dennis ei fod wedi dysgu rhywbeth pwysig iawn am dechneg canu, yn y gawod y noson honno, ond fe wyddai hefyd nad dyna'r dechneg orau i oresgyn problemau'r nodau uchaf yn gyffredinol. Roedd angen rhagor o waith a chyfle i arbrofi arnyn nhw. Gyda llaw, cawod mewn bloc o fflatiau i fyfyrwyr yn ardal Pen-y-lan oedd y gawod hynod bwysig honno! Er bod ei yrfa'n datblygu'n gyflym, ni fedrai Dennis bryd hynny fforddio aros mewn gwesty moethus yng nghanol Caerdydd.

Dychwelodd Dennis i'r Alban, wedyn, ond roedd y cysylltiad â Chymru wedi'i greu, a dyna ddechrau perthynas glòs a llwyddiannus dros ben rhwng Dennis a Chwmni Opera Cenedlaethol Cymru.

Yn y cynhyrchiad hwnnw o *La Traviata* yng Nghaerdydd, y Wyddeles, Suzanne Murphy, chwaraeodd ran Violetta – perfformiad lleisiol caboledig dros ben, a dehongliad theatrig oedd yn dorcalonnus o realistig a theimladwy. Roedd y bartneriaeth lwyfan rhwng Dennis a hithau'n drawiadol iawn, ac fe fu'n ddechrau oes aur i'r Cwmni.

Yn 1982 cafwyd cynhyrchiad bythgofiadwy gan Andrei Serban o'r opera *I Puritani* gan Bellini. Mae'n ofynnol i'r tenor sy'n canu rhan yr Arglwydd Arthur Talbot ynddi, feddu ar gwmpawd sy'n ymestyn hyd at y llonnod C a hyd yn oed D, ond fe wnaeth Dennis i'r nodau hyn swnio'n rhyfeddol o hawdd. Dyma'r tenor a oedd prin yn medru gwasgu'r nodyn A lai na chwe blynedd yn gynharach! Unwaith yn rhagor roedd perfformiad Suzanne Murphy, hefyd, o'r safon uchaf, yn lleisiol ac o ran actio, ac roedd adolygiadau'r wasg yn unfrydol bod Dennis a hithau'n 'eithriadol'. Mae'n anodd credu bod Dennis yn dioddef o'r broncitis noson y perfformiad hwnnw, a'i fod wedi mynnu canu er bod dau feddyg wedi ei gynghori i beidio!

Dyna'r tro cyntaf i mi gyfarfod â Dennis. Y fi oedd y cyhoeddwr ar ddyletswydd ar Radio Tri y noson y darlledwyd *I Puritani* yn fyw ar y rhwydwaith. Dwi'n cofio'n iawn mynd i'w weld yn ei stafell wisgo yn union ar ôl i'r darllediad orffen. Roedd yr ystafell yn orlawn – roedd aelodau o'r teulu, ffrindiau, a nifer fawr o wybodusion ac arbenigwyr y byd opera yno. Roedd eu presenoldeb yn brawf pendant, pe bai angen un, bod ei berfformiad wedi plesio. Cofiaf fod Dennis yn garedig iawn wrth ysgwyd llaw â mi, ac roedd e'n gwenu'n braf pan ddwedais wrtho mai crwt o'r Bryn yn Llanelli oeddwn innau hefyd. Mae'r tapiau o'r darllediad byw gen i o hyd, ac mae'n braf medru gwrando arnyn nhw o bryd i'w gilydd ac ail-fyw perfformiad nas clywyd ei well, a gwrando eto ar lais ifanc Dennis O'Neill – a llais ifanc Frank Lincoln, hefyd, o ran hynny!

O ddifrif, o wrando ar y recordiau eraill sydd ar gael o'r opera hon, mae perfformiad Dennis, yn fy marn i, yn rhagori ar berfformiadau Guiseppe di Stefano, Nicolai Gedda a Luciano Pavarotti. Anaml iawn y bydd y beirniaid cerddorol yn cyd-fynd â'i gilydd, ond roedd yr adolygiadau'n cytuno bod Dennis wedi cyfrannu at noson a fyddai'n 'para am byth yn y cof, noson a fyddai'n gwella bywyd pob un oedd yn bresennol'. Ysgrifennodd Desmond Shaw Taylor yn y *Sunday Times* bod Dennis yn 'lluchio'r nodau uchel i'r entrychion mewn llif di-dor o sain godidog'. Nid rhyfedd bod Cwmni Opera Cenedlaethol Cymru yn teimlo eu bod *nhw* wedi 'darganfod' tenor eithriadol o addawol!

Chwe mis yn ddiweddarach, yng Nghaerdydd, roedd Dennis a Suzanne Murphy yn serennu unwaith eto mewn cynhyrchiad newydd gan Göran Järvefelt o'r opera *Un Ballo in Maschera* gan Verdi. Mae rhan y brenin Gustavus yn un o ffefrynnau Dennis byth ers hynny, ac mae'n siwtio'i lais i'r dim. Roeddwn i yn y gynulleidfa ar y noson gyntaf yn y Theatr Newydd ar 4 Medi 1982, a hefyd ymhlith y cyntaf i'w longyfarch ar ddiwedd y perfformiad. Dwi'n cofio awgrymu iddo fod ei lais ar adegau yn y perfformiad, yn arbennig ar ddechrau'r olygfa olaf, yn f'atgoffa'n fawr o lais Gigli. Gwenodd Dennis yn ddiymhongar iawn – wyddwn i ddim ar y pryd bod Gigli yn eilun mawr iddo, a'i fod wedi tyfu i fyny'n gwrando ar ei lais gan fod Doc yn gwrando'n gyson ar ei recordiau. (Flynyddoedd yn ddiweddarach, a minnau erbyn hynny'n ffrind agos i Dennis, fe'i clywais yn dynwared llais y tenor Eidalaidd annwyl hwnnw mor effeithiol fel nad oedd yn bosibl gwahaniaethu rhwng y ddau.) Ond yn bwysicach o lawer na fy marn bersonol i y noson honno, wrth gwrs, oedd yr adolygiadau ecstatig, unfrydol eu canmoliaeth. Roedd Dennis wedi 'cyrraedd', ac roedd yn ddigon hyderus ac yn ddigon cefnog, bellach, i brynu tŷ yn ardal y Rhath yng Nghaerdydd, a symud y teulu i gyd 'nôl i Gymru.

Ysywaeth, mae 'na elfen gref o snobyddiaeth yn ymddangos yn gyson ym myd yr opera. Er bod Cwmni Opera Cenedlaethol

Cymru yn uchel ei barch, roedd elfen nawddoglyd yn medru bodoli ym meddylfryd y wasg Brydeinig tuag ato am flynyddoedd. Mae'n wir ei fod yn gwmni 'cenedlaethol' i ni'r Cymry, ond roedd tuedd yn Llundain i'w weld fel cwmni taleithiol da, ond braidd yn blwyfol ei safonau o bryd i'w gilydd o'i gymharu, dyweder, â safonau aruchel Covent Garden! I gyrraedd y brig roedd yn ofynnol i bob canwr gwerth ei halen berfformio ar lwyfan y Tŷ Opera Brenhinol yn Llundain.

Ar ddechrau wyth degau'r ganrif ddiwethaf, fe ddaeth y gwahoddiad hwnnw i Dennis. Rhan fach Flavio, yr ail denor yn yr opera *Norma* gan Bellini, gafodd e i gychwyn ei yrfa yn Covent Garden ond, yn fuan iawn wedyn, roedd e'n canu'r prif rannau megis Pinkerton (*Madama Butterfly*), Rodolfo (*La Bohème*) a'r Dug yn *Rigoletto*.

Hawdd fyddai credu bod Dennis yn fodlon ei fyd ar ôl hynny, ond oherwydd ei fod yn gymaint o berffeithydd, roedd e'n dal yn anfodlon â rhai o'i nodau uchaf oll. Nid oedd ganddo sicrwydd gant y cant y byddai'r nodau yno bob nos, nac y byddai'n gallu eu taro'n berffaith trwy gydol pob perfformiad. Go brin y byddai'r gynulleidfa'n sylwi, ond teimlai bod safon ei berfformiadau'n anwastad o bryd i'w gilydd. Gwyddai hefyd na fedrai guddio unrhyw ddiffygion lleisiol yn Llundain, gan fod pobl bwysig o bedwar ban y byd operatig yn bresennol ym mhob perfformiad. Penderfynodd Dennis bod yn rhaid iddo wneud un ymdrech arall i ddatrys problemau y nodau uchaf, unwaith ac am byth.

Felly cymerodd hoe ynghanol yr yrfa brysur, a dychwelyd i astudio yn yr Eidal. I Rufain yr aeth y tro hwn, at Luigi Ricci, a fu ar un adeg yn gyfeilydd i Gigli. Cyd-ddigwyddiad hapus iawn! Bu Frederick Cox yn athro gwych i Dennis, a dysgodd lawer hefyd o dan hyfforddiant Ettore Campogalliani yn Mantua, ond Ricci oedd yr un a ddangosodd iddo beth yn union oedd yn rhaid iddo ei wneud i feistroli'r nodau uchaf. Mae Dennis yn ei ddisgrifio fel dyn mawr, a chanddo ben a cheg enfawr a wnâi iddo edrych yn debyg iawn i Mussolini;

roedd ei bersonoliaeth a'i ymddygiad yn unbenaethol hefyd.
Dyn anodd, a dweud y lleiaf. Pan fyddai Dennis yn gwneud
camgymeriad yn yr ymarferiadau, byddai Ricci'n gweiddi
nerth ei geg enfawr arno, gan adael iddo wybod yn union
beth a feddyliai ohono. Ond yn y diwedd fe ddeallodd Dennis
beth oedd angen ei wneud i'r *passagio*.

Nawr, i rywun fel fi, sydd ddim yn ganwr, mae'r *passagio*
yn rhywbeth anodd ei amgyffred, heb sôn am ei ddeall. Rhyw
ddiwrnod, wrth baratoi ar gyfer y portread hwn, gofynnais i
Dennis sut y byddai'n esbonio'r term i leygwr fel fi, ac fe
ddefnyddiodd gyfatebiaeth ddiddorol iawn.

'Mae e fel dysgu gyrru car,' meddai. 'Mae'n ofynnol newid
y gêr wrth gyrraedd rhyw gyflymdra arbennig; os ewch chi'n
rhy bell heb newid, ac aros yn rhy hir yn y gêr anghywir, yna
yn y pen draw fe ddaw'r peiriant i stop. Os llwyddwch chi i
ddod o hyd i'r gêr sy'n gymwys i'r cyflymdra, fe fedrwch
fynd yn bellach ac yn gyflymach. Felly gyda'r llais hefyd.
Mae'n rhaid i'r *passagio* cyntaf ddigwydd ar y nodyn ble mae'r
llais siarad yn gorfod troi'n llais canu. Wrth i'r llais fynd i
fyny'r raddfa a chanu nodau uwch, mae'n rhaid gwneud
newidiadau sy'n cyfateb i newid gêr y car; y *passagio* cywir
sy'n caniatáu'r addasiadau ffisiolegol cymhleth hynny sy'n
effeithio ar ddannau'r llais, ar y cyhyrau o'u cwmpas, ac ar
safle'r ffaryncs ei hunan. Hyn, yn y pen draw, sy'n caniatáu i'r
llais fynd i fyny'r raddfa. Os na wnewch chi hyn i gyd yna, fel
gyda'r car, fe fydd y llais yn methu mynd yn ei flaen a bydd
yn gwrthod mynd yn uwch. Ond os yw'r *passagio* wedi'i reoli,
mae'r nodau a fu'n anodd eu cyrraedd yn ymddangos yn
hawdd, ac mae disgleirdeb eglur yn perthyn iddyn nhw.'

Fe aeth Dennis ymlaen â'r gyfatebiaeth hon gan ddweud,
'Yn union fel y mae gyrrwr car yn ymarfer newid gêr nes ei
fod yn medru ei wneud yn hollol ddifeddwl, felly hefyd y
mae'n rhaid i'r canwr ddatblygu cyhyrau lleisiol sy'n medru
cofio'n reddfol y swyddogaeth sydd ganddynt wrth
gynhyrchu nodau gwahanol yng nghwmpawd y llais.'

Mae'n eglurhad diddorol gan rywun na chafodd ond dwy

wers gyrru car yn ei fywyd, ac a fu bron â chwalu'r car yn ystod y gwersi hynny am ei fod yn mynd yn rhy gyflym! Ond mae'n esboniad sy'n gwneud synnwyr i mi, er mai celwydd fyddai dweud fy mod yn ei ddeall yn llwyr. Yr hyn sy'n bwysig yw bod yr hyn ddwedodd Luigi Ricci wrth Dennis yn Rhufain wedi cael yr un effaith arno ag a gafodd y golau llachar ar yr apostol Paul ar ei ffordd i Ddamascus. Roedd yr holi a'r chwilio drosodd; roedd yr atebion i gyd ganddo, bellach.

Er bod gan Ricci ei hun lais rhyfeddol o hyll, mae'n debyg ei fod yn medru canu ac arddangos y gofynion technegol yn arbennig o fedrus. Cymerodd beth amser i Dennis feistroli popeth a ddysgwyd iddo gan Ricci, ond o hynny ymlaen roedd Dennis yn gwbl sicr ei nodau uchel. Bellach, dwi wedi ei glywed yn canu ymhell dros gant o weithiau, mewn operâu, cyngherddau a datganiadau, ond dim ond unwaith erioed y clywais nodyn uchel ganddo yn mynd rywfaint ar gyfeiliorn. Wrth gwrs, mae ambell noson yn well na'i gilydd, ond mae Dennis bellach yn syfrdanol o gyson. Mae e wedi profi erbyn hyn ei fod yn un o'r hyfforddwyr llais gorau yn y wlad, ac mae hynny i'w briodoli i'r ffaith iddo ef ei hun orfod goresgyn cynifer o broblemau cyn troedio llwybr llwyddiant. Meddai ar y dyfalbarhad angenrheidiol fel myfyriwr a chanwr, ac mae ganddo amynedd diflino wrth gynghori cantorion ifanc yn eu crefft.

Mae'n wir fod un ffactor arall wedi helpu i sicrhau cysondeb y nodau uchel – fe roddodd Dennis y gorau i ysmygu! Prin y gallwn gredu fy nghlustiau pan gyffesodd i mi y byddai, ar un adeg, yn ysmygu 'fel trwper' ac yn camu ymlaen i ganu gan adael sigarét ynghynn y tu cefn i'r llwyfan! Canwr o fri, oedd yn asthmatig, yn ysmygu fel simdde! Ond roedd Dennis mewn cwmni da. Mae'n debyg bod Caruso yn ysmygu'n drwm, a Dietrich Fischer-Dieskau, a nifer o gantorion Cymreig blaenllaw, gan gynnwys Syr Geraint Evans. Roedd Hans Hotter, yntau'n asthmatig hefyd, yn ysmygu cymaint fel bod yn rhaid sicrhau cyflenwad o ocsigen iddo y tu cefn i'r llwyfan. O leiaf doedd Dennis ddim cynddrwg â hynny! Y bariton enwog o'r Amerig, Sherrill Milnes, fu'n ddigon dewr i ddweud wrth Dennis, *'You really have to pack up smoking, you know.'* Er bod nifer o bobol wedi cynnig yr un cyngor, heb gael unrhyw fath o ddylanwad, am ryw reswm fe wrandawodd Dennis ar bregeth Sherrill Milnes. Mae'r ddau'n parhau'n ffrindiau mawr hyd heddiw.

Erbyn ail hanner yr wyth degau, roedd popeth wedi syrthio i'w le a'r cynigion yn llifo o bob cyfeiriad. Bu Dennis yn teithio'n gyson rhwng Llundain a Chaerdydd – *Tosca* a *Lucia di Lammermoor* i Gwmni Opera Cenedlaethol Cymru, neu *Arabella, Die Fledermaus* a *Macbeth* yn Covent Garden. Buan y cyrhaeddodd y gwahoddiadau o dramor, hefyd, gan gynnwys San Francisco a Chicago, Hambwrg a Barcelona. Yn sydyn iawn roedd Dennis yn treulio oriau'n hedfan o un ddinas i'r llall, o un cyfandir i'r llall – rhyw fath o drwbadŵr cyfoes, yn teithio'r byd i ddiddanu ac ennill ei damaid. Dyna pam i Rodney Milnes, adolygydd cerddoriaeth uchel ei barch yn Llundain, ysgrifennu bod angen 'dwyn pasbort Dennis O'Neill oddi arno, er mwyn cadw'r canwr dawnus yma ym Mhrydain!'

*   *   *

Ond tra bod yr yrfa broffesiynol yn gynyddol lwyddiannus, roedd problemau personol yn graddol ddatblygu. Roedd Ruth a Dennis wedi goresgyn problemau ariannol y dyddiau cynnar, ond nawr roedd y llwyddiant ysgubol yn creu anawsterau nad oedd neb wedi eu rhagweld. Doedd yr un o'r ddau ar fai, fel y cyfryw. Yn syml iawn, fe briodon nhw'n rhy ifanc ac fe dyfon nhw ar wahân. Roedd Dennis yn treulio llawer o'i amser oddi cartref, yn unig ac anniddig mewn gwestai moethus ond amhersonol, tra bod Ruth gartref yn gofalu am ddau blentyn bywiog. Doeddwn i ddim yn adnabod yr un o'r ddau yr adeg honno ond, o geisio darllen rhwng y llinellau, mae'n ymddangos i mi nad oedd Ruth erioed wedi ystyried y byddai gyrfa'i gŵr yn datblygu a newid

58

i'r fath raddau. Merch dawel, urddasol oedd hi, yn swil a diymhongar ei hanfod, ac ni fu neb erioed mor anaddas i ddelio â'r sylw cynyddol, yr amlygrwydd a'r cyhoeddusrwydd oedd bellach yn rhan anochel o'u bywydau.

Wrth gwrs, roedd hi'n ymfalchïo yn llwyddiant Dennis, ond roedd yn gynyddol anodd iddi ddarganfod ei lle hithau yn ei fywyd. Ni fedrai roi'r gorau i bopeth a theithio'r byd gyda'i gŵr gan fod yn rhaid gofalu am y plant, ac ni fedrai Dennis roi'r gorau'n hawdd i yrfa y brwydrodd mor hir i'w datblygu. Efallai y dylai'r ddau fod wedi bod yn fwy sensitif i anghenion ei gilydd, ond hawdd dweud hynny wrth edrych yn ôl. Doedd neb arall ynghlwm yn y benbleth hon, ac ymdrechodd y ddau'n galed i ddatrys y problemau rhyngddynt ond, dros gyfnod o amser, fedrai neb atal y problemau hynny rhag cymhlethu a dwysáu.

Er mawr ofid a dolur calon a meddwl, penderfynodd y ddau, yn gwbl waraidd, mai doeth fyddai iddynt wahanu. Fe ysgarodd y ddau yn ddiweddarach, ond bu perthynas glòs rhyngddynt ar hyd y blynyddoedd, wrth i'r ddau gyddynnu'n wyrthiol i wneud eu gorau dros eu plant. Mae'r ddau'n ffrindiau da hyd heddiw, a'u parch didwyll tuag at ei gilydd yn amlwg i bawb.

Mae geiriau'r aria enwog *Vesti la giubba*, allan o'r opera *Pagliacci* gan Leoncavallo, yn sôn bod yn rhaid i'r diddanwr proffesiynol wneud i'w gynulleidfa chwerthin hyd yn oed os yw ef ei hunan yn torri ei galon mewn anobaith. Teimlai Dennis rywbeth yn debyg i gymeriad Canio yn yr opera honno, wrth orfod ymgolli yn ei waith fel canwr operatig er bod tristwch mawr yn ei galon.

*   *   *

Bu'n canu dros y byd i gyd, gan gynnwys Tŷ Opera'r Metropolitan yn Efrog Newydd – Mecca'r cantorion. Mewn adolygiad yn Efrog Newydd, ysgrifennodd un gohebydd ei fod 'wedi clywed y Pavarotti Prydeinig' yn canu, gan gredu ei fod wedi darganfod cyfatebiaeth nad oedd neb arall wedi meddwl amdani erioed o'r blaen! Credai beirniad arall bod Dennis yn canu, ac yn edrych, yn debyg iawn i un o eilunod y gorffennol yn y 'Met', Jan Peerce. Yn bersonol fedra i ddim meddwl sut y gallai neb yn ei iawn bwyll wneud y fath gymhariaeth – ond dyna fe, mae'n anodd dirnad beth yn union sydd ym meddyliau rhai o'r beirniaid yma weithiau. Wrth ddarllen eu colofnau, fe fyddaf yn teimlo'n aml ein bod ni wedi gweld cynyrchiadau cwbl wahanol i'n gilydd!

Yn anffodus, mae'n rhaid i'r perfformiwr ddioddef ffolineb a malais rhai o'r sylwadau hyn, heb gyfle o gwbl i'w amddiffyn ei hunan. Ar y cyfan bu'r adolygiadau'n garedig wrth Dennis ond, o'u darllen yn fanwl, mae'n amlwg i'r gwybodusion yn Lloegr ddibrisio ei gyfraniad rywfaint ar hyd y blynyddoedd, a hynny'n fwy na thebyg am mai Prydeiniwr yw e. Gwir yr adnod nad yw proffwyd heb anrhydedd ond yn ei wlad ei hun. Fe gafodd Dennis ei werthfawrogi, ond byddai wedi denu llawer mwy o sylw a chanmoliaeth petai ganddo enw Eidalaidd neu Sbaenaidd.

Gyda'r cynulleidfaoedd, sut bynnag, mae e'n arwr ac yn eilun diamheuol. Datblygodd perthynas agos iawn rhyngddo a chynulleidfa Covent Garden, ac mae gweld ei enw ar raglen Cwmni Opera Cenedlaethol Cymru yn ddigon ynddo'i hun i sicrhau neuaddau llawn, nid yn unig yng Nghaerdydd ac Abertawe, ond hefyd ym Mryste, Rhydychen, neu ble bynnag y mae'r Cwmni'n perfformio.

*   *   *

Datblygodd yn dipyn o eicon teledu hefyd, pan ddarlledwyd cyfresi teledu hynod boblogaidd *Dennis O'Neill Sings* ar brif rwydwaith y BBC o 1987 ymlaen. Ble bynnag yr âi, byddai'n siŵr o gael ei adnabod, ac roedd e'n gyffyrddus iawn gyda'r sylw a'r enwogrwydd. Roedd e'n ddarlledwr naturiol, yn edrych yn dda ar deledu, ac yn medru cyflwyno'n gynnil a phroffesiynol, tra bod y canu'n fendigedig, wrth gwrs. Fe aeth y gryno-ddisg a gynhyrchwyd yn sgil y gyfres deledu yn syth i frig y siartiau clasurol, ac aros yno am gyfnod hir. O ganlyniad i nifer o gyfresi teledu ar y BBC, ymddangosiadau cyson mewn cyngherddau ar S4C, a datganiadau ar Radio Tri, daeth Dennis yn un o'r wynebau a'r lleisiau mwyaf adnabyddus nid yn unig yng Nghymru, ond ym Mhrydain gyfan.

Mewn rhaglen deledu y cefais i'r cyfle cyntaf i gydweithio gyda Dennis. Penderfynwyd gwneud rhaglen ddogfen amdano – rhaglen fyddai'n amlinellu datblygiad ei yrfa, ac yn rhoi cyfle i ni ei glywed yn canu rhai o'r hen ffefrynnau Cymraeg yn ogystal â nifer o ganeuon enwocaf y byd opera. Roeddwn i wrth fy modd o gael fy newis yn draethydd ar y rhaglen a chael y cyfle, am y tro cyntaf yn fy ngyrfa ddarlledu, i holi gwestai mor ddiddorol. Bûm yn ddiwyd iawn gyda'r gwaith cartref, yn darllen erthyglau ac adolygiadau di-rif, ac yn gwrando ar bob record o eiddo Dennis y medrwn gael gafael arni.

Yn ystod y recordio roedd Dennis yn gyfeillgar iawn ac yn gwbl hamddenol ei ymddygiad. Roedd yn fy nghofio'n dda, meddai, o ddyddiau darlledu'r operâu ar Radio Tri. Ond yna cefais sioc ryfeddol. Tra oedd y camera'n cyfeirio ata i wrth ofyn cwestiynau, roedd Dennis yn eistedd gyferbyn â mi ac yn gwneud yr ystumiau mwyaf doniol a welodd neb erioed, gan wthio'i dafod allan, rhoi ei fys i fyny ei drwyn, a chroesi a rholio'i lygaid i bob cyfeiriad. Fedrwn i ddim credu fy llygaid, a fedrwn i ddim peidio â chwerthin yn afreolus! Dysgais yn gyflym bod Dennis yn medru bod yn ddiawledig o ddrygionus, a bod ganddo'r ddawn i wneud i unrhyw un chwerthin o flaen camera neu wrth ganu ar y llwyfan.

Mae nifer o gantorion, ac actorion o ran hynny, yn bencampwyr ar wneud i eraill golli rheolaeth, i 'gorpsio', fel y'i gelwir yn y proffesiwn, ac mi fyddai cynulleidfaoedd yn synnu o weld rhai o'r pethau dwl sy'n mynd ymlaen o'r golwg ar y llwyfan – yn aml ynghanol rhai o'r golygfeydd mwyaf dramatig a thrychinebus!

Ni chafodd y rhaglen y buom yn ei recordio'r prynhawn hwnnw yn stiwdio'r BBC erioed ei darlledu! Dwi ddim yn credu mai'r 'corpsio' oedd yn gyfrifol am hynny, ac yn sicr nid safon y canu, ond efallai mai nerfusrwydd y cyflwynydd oedd yn rhannol gyfrifol. Mae gan Dennis gopi o'r rhaglen, ac rydym wedi addo i'n gilydd y gwnawn ni ryw ddydd yn ein henaint, wrth yfed potel dda o win, wylio'r tâp ac ail-fyw'r prynhawn hwnnw – pan oeddem yn dal yn weddol ifanc, pan oedd y ddau ohonom yn weddol luniaidd a siapus, a mwng o wallt tywyll ar bennau'r ddau ohonom.

*   *   *

Dwi ddim wedi sôn am Ffawd ers peth amser, ond roedd ganddi un tric syfrdanol arall i fyny ei llawes. Ar ddechrau ei yrfa roedd Dennis wedi canu tipyn o gerddoriaeth gan Mozart a Rossini, oherwydd eu bod nhw bryd hynny yn siwtio ansawdd a chwmpawd ei lais. Ond wrth i'r llais newid a datblygu, ni chredai Dennis ei fod bellach yn medru gwneud cyfiawnder â'u cerddoriaeth ac felly pan gynigiwyd rhan yr Iarll Almaviva iddo mewn cynhyrchiad o *Il Barbiere di Siviglia* gan Rossini yn Vancouver yn 1987, ei ymateb cyntaf oedd gwrthod. Ei ffrind Julian Smith, arweinydd y cynhyrchiad, gafodd berswâd ar Dennis rywsut i newid ei feddwl, ac yn y diwedd derbyniodd Dennis y cytundeb i ganu yn Vancouver.

Yno, un bore, yn ystod cyfnod ymarfer, fe gerddodd i mewn i'r ystafell wisgoedd ac ymhlith y bobol oedd yn gweithio yno gwelodd ferch na fedrai ond ei disgrifio fel 'angyles'. Mewn gwewyr ychydig funudau'n ddiweddarach, cyffesodd Dennis wrth Julian Smith, ei fod 'wedi gweld y ferch brydferthaf a welais erioed'. Mae'n taeru ei fod yn gwybod o'r eiliad honno y byddai rywbryd, rywsut neu'i gilydd, yn ei phriodi. O gofio pa mor benderfynol y medrai Dennis fod, prin y byddai neb wedi mentro anghytuno!

Ellen oedd enw'r ferch ac mae hithau, hefyd, yn cofio'r cyfarfod cyntaf hwnnw, ond nid mewn termau mor ddramatig ag y mae Dennis yn eu defnyddio. Fe wnaeth e argraff ddofn arni fel person, serch hynny, ac wrth gwrs roedd hi'n dwlu ar y llais pan glywodd hi Dennis yn canu. Ond roedd saeth Cariad wedi taro Dennis yn ei galon, ac roedd yn teimlo ac yn ymateb fel un o'r cymeriadau hynny y byddai'n eu chwarae yn yr operâu mwyaf rhamantus.

Ni wyddai ar y pryd fod priodas Ellen, hefyd, wedi chwalu, a'i bod hi'n isel iawn ei hysbryd; byddai'n byw fel meudwy, bron, prin yn mynd allan, a phrin y byddai'n siarad â neb. Fe newidiodd Dennis hynny i gyd a'i helpu i ddod allan o'i chragen, ond doedd hi ddim yn hawdd meithrin a datblygu'r berthynas gan fod yn rhaid i Dennis ddychwelyd i Brydain yn fuan ar ôl y cyfarfod tyngedfennol cyntaf hwnnw. Bob cyfle oedd ganddo, byddai'n dychwelyd i Vancouver i gyfarfod Ellen, a buan y sylweddolodd hithau ei bod hi'n syrthio mewn cariad â'r Cymro hynod ramantus.

Yr hyn sy'n rhyfedd yw bod Dennis yn argyhoeddedig ei fod wedi gweld Ellen yng Nghaeredin bron i ddeuddeg mlynedd ynghynt. Roedd hi'n fyfyrwraig yn y ddinas, ac roedd Dennis yno'n canu i Gwmni Opera Cenedlaethol yr Alban ar yr un pryd. Mae Dennis yn cofio cael cipolwg ar ferch dlos ryfeddol mewn gwesty yng Nghaeredin, ac mae'n credu mai Ellen oedd hi. Efallai ei fod yn iawn. Pwy a ŵyr? Yr hyn sydd yn sicr yw iddyn nhw gyfarfod yn Vancouver, ac i fywydau'r ddau newid am byth ar ôl hynny.

Merch o Norwy oedd Ellen yn wreiddiol, a phan glywodd ei mam a'i thad am y garwriaeth newydd yn ei bywyd, roedden nhw'n awyddus i gyfarfod â Dennis cyn gynted â phosibl. Aeth Dennis allan i Norwy i gyfarfod Mia a Hans, a chymerodd hi ddim yn hir iddyn nhw weld bod Dennis ac Ellen yn gwbl hapus gyda'i gilydd. Bu'r rhieni o hynny ymlaen yn gefnogol iawn i'r ddau.

Ar ôl datrys nifer fawr o broblemau cyfreithiol a biwrocrataidd, daeth Ellen draw i Gaerdydd i fyw. Doedd ganddi fawr ddim eiddo gyda hi, dim ond hi ei hun. Ar 11 Ionawr 1988 fe briododd Dennis ac Ellen. Fe gafodd nifer fawr o'r gwahoddedigion yn y brecwast priodas, gan gynnwys y priodfab a'r briodferch, eu taro'n sâl gan ryw wenwyn yn y bwyd, ond fedrai hynny na dim arall amharu ar eu dedwyddwch. Fel yn y storïau tylwyth teg gorau, ac fel sy'n digwydd mewn ambell opera hyd yn oed, mae'r ddau wedi byw'n hapus byth wedyn.

*   *   *

Ar wahân i enedigaeth ei blant, priodi Ellen oedd y digwyddiad unigol pwysicaf ym mywyd Dennis. Cafodd effaith syfrdanol ar ei yrfa, ac ar ei lais hefyd. Bellach roedd rhywbeth pwysicach na chanu yn ei fywyd, ac o ganlyniad roedd canu'n haws nag y bu erioed. Ymlaciodd yn llwyr fel person a diflannodd nifer o'r tensiynau lleisiol hefyd. Roedd yn fwy hyderus fel person ac fel perfformiwr. Am y tro cyntaf yn ei fywyd, efallai, roedd Dennis yn gwybod beth oedd bodlonrwydd llwyr. Roedd yr uchelgais proffesiynol yn dal yno, ond bellach roedd persbectif gwahanol i bopeth. Dyna pryd y cofiodd eiriau ei hen athro, Frederick Cox, am yr agweddau seicolegol hynny sy'n bwysig wrth ganu a pherfformio – 'Nid techneg a nodau yn unig sy'n bwysig. Mae personoliaeth canwr yr un mor bwysig; mae'n rhaid i'r ddwy elfen fod ynghlwm wrth ei gilydd, yn anwahanadwy. Rhaid medru defnyddio'r llais i gyfleu a mynegi teimlad ac emosiwn, a dim ond personoliaeth aeddfed, gyflawn, sy'n medru cyflawni hynny.' Roedd y darn olaf o'r pos jig-so wedi cyd-gloi.

Ble bynnag y byddai Dennis yn canu, yno y byddai Ellen hefyd. Fe fyddai'n bresennol ymhob rihyrsal, bron, ac yn sicr ymhob perfformiad. Diflannodd yr unigrwydd a'r anniddigrwydd, ac fe fu'r ddwy flynedd nesa yng ngyrfa Dennis yn dipyn o 'oes aur' iddo. Ond dyw Dennis byth yn llonydd am yn hir, boed yn gorfforol nac yn feddyliol. Rhyw noson neu'i gilydd mewn rhyw westy mewn dinas yn rhywle, fe wnaeth benderfyniad pellgyrhaeddol am ei yrfa.

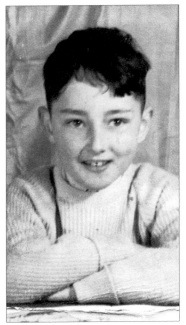

Priodas Doc ac Eva

Dennis yn grwt

Doc a'r car enwog

Dennis ac Elizabeth

Y tri brawd – Dennis, Andrew a Sean

Anti Marian ac Eva

Doc ac Eva yn ymfalchïo yn
llwyddiant Dennis

Doc yn Rhufain
(un o'r lluniau olaf ohono)

Parti pen-blwydd Eva – Patricia, Doreen, Andrew, Eva, Dennis

Andrew, Ellen a Dennis

Priodas Dennis ac Ellen – Mia, Dennis, Ellen, Eva a Hans

Ellen gyda'i phlant Martin a Cara

Ellen a Dennis gyda Clare a Sean

Fiona a Frank yn mwynhau cwmni Dennis ac Ellen yn Fenis

Dennis yn bihafio'i hun –
Suzanne Murphy sy'n edmygu
ei bengliniau!

Dennis yn mwynhau ei wyliau
ar afon Avon!

Dau gymeriad rhyfedd ar eu gwyliau ar afon Avon (Dennis a'r awdur)

Dennis yn llawn drygioni gyda Sean, Cara a James – crwt Patricia

Na, nid Canio'r clown y tro hwn, ond Dennis yn actio'r clown –
fel y mae'n hoffi gwneud, weithiau!

Ap Neill, Frank ap Glyn a Ray o'r Mynydd yn Eisteddfod Llanelli 2000

Ap Neill yn canu cân y coroni
yn Llanelli 2000

Derbyn y CBE ym Mhalas
Buckingham 2000

Alfredo yn *La Traviata*
Cynhyrchiad Cwmni Opera
Cenedlaethol yr Alban

Gyda Suzanne Murphy yn
I Puritani

Llun: Catherine Ashmore

Rodolfo yn *La Bohème* yn y Met
yn Efrog Newydd

Y bandit Dick Johnson yn
La Fanciulla del West

Llun: Clive Barda

Dug Mantua yng nghynhyrchiad enwog Cwmni Opera Cenedlaethol Cymru o *Rigoletto*

Dennis gyda'r Fonesig Kiri te Kanawa yn *Die Fledermaus* yn Covent Garden

Dennis yn canu Turiddu yn *Cavalleria Rusticana* gyda chorws enwog
Cwmni Opera Cenedlaethol Cymru

Llun: Clive Barda

Llun: Glenn Edwards

Cavaradossi yn *Tosca*, gyda'r
soprano Deborah Riedel

Llun: Christine Burton

Pinkerton yn *Madama Butterfly* –
prif ran gyntaf Dennis yn Covent
Garden – gyda Raina Kabaivanska

Edmygydd mawr o lais Dennis – Giuseppe di Stefano. Ar y dde mae Ruth, gwraig gyntaf Dennis

Canio'r clown yn *Pagliacci* yn Covent Garden gyda Plácido Domingo yn arwain

Un o hoff sopranos Dennis –
Montserrat Caballé

Foresto yn *Attila* yn Covent Garden
gyda'r Fonesig Josephine Barstow

Canwr enwog a ffrind agos – y bariton Sherrill Milnes

Tipyn o sbort a sbri gyda Syr Tom Jones a'r Fonesig Gwyneth Jones

Rheithgor Cystadleuaeth Canwr y Byd yng Nghaerdydd.
Gyda Dennis mae Marilyn Horne a'r Fonesig Joan Sutherland

Dennis a Zubin Mehta

Ac yntau ychydig dros ei ddeugain oed, gofynnodd iddo'i hun am ba hyd y medrai barhau i ganu *repertoire* y cymeriadau rhamantus ifanc fel Rodolfo neu Alfredo. Fe fedrai colur a gwisg ei gadw'n ifanc am flynyddoedd, a doedd bloneg canol oed ddim wedi newid ei ymddangosiad gymaint â hynny. Ond fe wyddai Dennis bod y sopranos a ganai rhannau megis Mimì a Violetta weithiau ddeng mlynedd yn ifancach nag e. Yn bwysicach fyth, efallai, sylweddolai bod ei lais yn newid ac yn datblygu, ei fod yn drymach ac yn fwy 'tywyll', a'i fod wedi cryfhau cryn dipyn. Os na fyddai Dennis yn ofalus, byddai ei yrfa yn y *repertoire* yr oedd yn gyfarwydd â hi yn graddol ddod i ben, ac yntau heb wneud unrhyw baratoadau ar gyfer symud i ganu rhannau ac iddynt ofynion lleisiol gwahanol.

Wrth gwrs, ni wyddai a fyddai'r cwmnïau opera ar draws y byd yn fodlon rhoi cyfle iddo mewn *repertoire* mwy dramatig. Ond, fel y dywedai'r cymeriad yn y gomedi sefyllfa *The Rise and Fall of Reginald Perrin* droeon a thro, '*I didn't get to where I am today by . . .*'. Yn yr un modd, fyddai Dennis ddim yn gadael i'r fath anawsterau sefyll yn ei ffordd am yn hir. Tra oedd yn parhau i ganu rhannau megis Cavaradossi yn *Tosca* ac Edgardo yn *Lucia di Lammermoor*, dechreuodd ymarfer ar ei ben ei hun a hyfforddi'r llais gogyfer ag anghenion cyfnod newydd yn ei yrfa. Mae hyn yn profi eto pa mor benderfynol y gall Dennis fod, a chymaint yw ei allu i ganolbwyntio a goresgyn anawsterau.

*   *   *

Mae 'na rywfaint o debygrwydd rhwng byd y tenoriaid a byd y bocswyr. Mae bocswyr yn cael eu categoreiddio yn ôl eu pwysau – pwysau plu, bantam, pwysau trwm ac ati. Mae tenoriaid, hefyd, yn cael eu categoreiddio yn ôl pwysau – na, nid yn ôl powndi ac ownsys (er y gallai hynny fod yn ddiddorol!), ond yn ôl pwysau'r llais. Mae sawl dosbarth, ond dim ond rhyw bedwar sy'n berthnasol i ni wrth ddilyn a deall gyrfa Dennis O'Neill.

Y categori cyntaf yw *Leggero*, gair Eidalaidd sy'n golygu 'ysgafn', a dyna ddisgrifiad perffaith o lais cynnar Dennis. I'r dosbarth hwn hefyd y byddai llais arian rhywun fel Ryland Davies yn perthyn. Nesaf daw'r *lirico leggero*, sef y llais telynegol ysgafn sydd ei angen i ganu'r rhannau tenor mewn operâu gan Mozart, a chymeriadau tebyg i Rodolfo yn *La Bohème* neu Alfredo yn *La Traviata*. Dyma leisiau tebyg i rai Stuart Burrows a David Lloyd. Wedyn daw'r *Lirico* – llais ychydig yn fwy swmpus, yn debyg i lais Luciano Pavarotti, ond ar ôl hynny mae'n rhaid symud at leisiau'r tenoriaid arwrol fel Franco Corelli, er enghraifft, sef y *Lirico spinto*. Mae *spinto* yn deillio o'r gair Eidalaidd *spingere*, sy'n golygu 'gwthio', a hynny'n adlewyrchu'r ffaith bod hwn yn medru gwthio'r llais yn bwerus, a bod yr ansawdd yn finiog a disglair. Dyma'r llais a fwriadai Puccini yn ddelfrydol i ganu'r aria enwog *Nessun dorma* yn yr opera *Turandot*.

Mae'r rhan fwyaf o denoriaid Cymru yn perthyn i gategorïau'r lleisiau telynegol ysgafn. Yr hyn sy'n ddiddorol am lais Dennis O'Neill yw iddo symud i fyny'r dosbarthiadau nes bod y llais 'rhyfeddol o ysgafn' yn cael ei drawsnewid yn offeryn llawer mwy grymus. Mae'n wir dweud bod Dennis ymhlith nifer fach iawn o denoriaid Prydeinig i ennill eu plwy ar lwyfan bydeang wrth ganu'r rhannau hynny y mae'r Eidalwyr yn credu mai dim ond y nhw sy'n medru eu canu. Dwi ddim yn awgrymu o gwbl bod un math o lais yn well na'r llall, dim ond yn nodi bod Dennis wedi llwyddo i greu gyrfa newydd sbon iddo fe'i hunan ac yntau dros ei ddeugain oed. Roedd Dennis ar fin profi i'r byd, ac iddo fe'i hunan o ran hynny, ei fod yn 'denor Eidalaidd' go-iawn.

*   *   *

Cafodd Dennis ei gyfle yn 1990 mewn cynhyrchiad newydd gan Elijah Moshinsky yn Covent Garden o'r opera *Attila* gan

Verdi. Mae hon yn opera gymharol gynnar yng nghronoleg ei gyfansoddiadau, ac yn waith pur anadnabyddus. Does dim yn bod ar y gerddoriaeth, ond fel undod dramatig mae'n anwastad. Llwyddodd Moshinsky i wneud synnwyr theatrig o'r cyfan, ond yr hyn a ddenodd brif sylw'r adolygwyr oedd perfformiad Dennis yn chwarae rhan y cymeriad Foresto. Cafodd ei ganmol i'r cymylau. Yn ôl y *Sunday Telegraph*, 'Fyddai Domingo ei hunan ddim wedi derbyn gwell cymeradwyaeth, ac roedd Dennis O'Neill yn llawn haeddu'r derbyniad.' Ac meddai Hugh Canning yn y cylchgrawn *Opera*, 'Ers blynyddoedd lawer, ni chafwyd gwell perfformiad o gerddoriaeth Verdi yn Covent Garden na chanu Dennis O'Neill yn *Attila*.' Roedd adolygydd arall, Max Loppert, yn sylwgar iawn wrth ddweud, 'Mae'r bersonoliaeth gyfan wedi aeddfedu, ac mae'r llais yn fwy pwerus, heb fod yn undonog.'

Dyna'r perfformiad a ail-lansiodd yrfa Dennis. O hynny ymlaen cafodd gynigion i ganu mewn operâu na fyddai erioed wedi breuddwydio y byddai'n medru eu canu; *repertoire* tipyn mwy arwrol a dramatig. Yn negawd olaf yr ugeinfed ganrif cafodd ei gydnabod yn un o ddehonglwyr gorau'r byd o gerddoriaeth Verdi. Yn y flwyddyn 2005 derbyniodd Fedal Cymdeithas Verdi yn gydnabyddiaeth o'i orchestion rhyng-wladol wrth ganu campweithiau'r cyfansoddwr. Mae'r rhestr o enwau cyn-enillwyr y fedal yn cynnwys Placido Domingo, Luciano Pavarotti a Riccardo Muti. Anrhydedd, yn wir, i Dennis O'Neill oedd bod ymhlith y fath gewri cerddorol.

Fe gyfansoddodd Verdi saith ar hugain o operâu i gyd. Mae Dennis wedi perfformio mewn un ar hugain ohonyn nhw bellach; prin fod yr un tenor yn y byd wedi canu cynifer, ac mae e hefyd yn unawdydd arbennig mewn perfformiadau o'r *Offeren* gan Verdi. Does neb yn medru cyffwrdd â'r galon cystal â Dennis wrth iddo ganu, neu sibrwd, bron, eiriau'r *Hostias*. Mae honno'n foment unigryw; stamp meistr wrth ei waith.

Cefais y cyfle un tro i holi'r arweinydd Syr Edward Downes, yntau hefyd yn arbenigwr ar gerddoriaeth Verdi, am y rhinweddau hynny sydd wedi gwneud Dennis yn denor 'Verdianaidd' mor wych. Roedd ei ateb yn ddiddorol a doniol:

> Mae'n ofynnol i 'denor Verdi' fedru canu gyda *legato* melys, hyfryd, pan fo angen, ond mae'n rhaid iddo fedru creu sain arwrol hefyd pan fo hynny'n ofynnol. Mae'n hawdd dod o hyd i denoriaid sy'n medru canu'n felys ond, fel arfer, wrth iddynt geisio canu'r nodau arwrol, maen nhw'n swnio'n dagedig, fel petai rhywun wedi eu hysbaddu. Fel arall, mae 'na nifer fawr o denoriaid sy'n medru rhuo fel teirw, ond heb yr un syniad sut i ganu'n delynegol. Cyfrinach fawr Dennis yw ei fod yn meddu ar yr holl gymwysterau.

Daeth geiriau Syr Edward yn ôl i mi wrth eistedd yn nhŷ opera godidog Munich, yn gwrando ar Dennis yn canu rhan Manrico – y Trwbadŵr – yn yr opera *Il Trovatore* gan Verdi, gyda neb llai na'r maestro Zubin Mehta yn arwain. Mae 'na olygfa sy'n brawf llym ar y tenor yn y drydedd act. Mae'n golygu yn agos i wyth munud o ganu di-dor. Yn gyntaf mae'n rhaid canu'n felys a thelynegol wrth i Manrico feddwl am ei gariad, ond yna mae negesydd yn cyrraedd gyda'r newydd fod mam Manrico ar fin cael ei llosgi i farwolaeth, ac yn *Di quella pira* (O'r goelcerth enbyd) mae'n rhaid i'r tenor ymgynddeiriogi a chanu tri nodyn C uchaf – a'u canu nhw dros ben lleisiau rhyw ddeugain o filwyr yn canu nerth eu pennau, a thros gerddorfa o bedwar ugain a mwy! Dim ots os ydych chi wedi canu'n wych weddill y noson, wiw i chi fethu ar y nodau hyn. Fydd dim maddeuant. Does dim angen dweud bod Dennis wedi canu'n wych yn Munich y noson honno, a'i fod yntau, yn ogystal â'r gynulleidfa, wedi mwynhau pob eiliad o'r profiad. Llais telynegol sydd gan Dennis o hyd yn y bôn, ond mae wedi llwyddo i symud yn llwyddiannus i *repertoire* mwy dramatig oherwydd bod cymaint o ffocws ac eglurdeb yn y llais, a hyn, wrth gwrs, oherwydd iddo feistroli'r *passagio*.

Elfen arall yn llwyddiant y noson honno oedd ei fod yn ynganu'r Eidaleg mor dda; roedd e'n swnio fel Eidalwr go-iawn. Mae'n siŵr bod llafariaid agored y Gymraeg o help, oherwydd mae 'na debygrwydd diamheuol rhwng y Gymraeg a'r Eidaleg. Ond mae clust dda gan Dennis. Mae'n siarad Ffrangeg, ac yn medru ynganu Almaeneg yn gywir a chlir a'i siarad, hefyd, i ryw raddau.

Ac yn y pen draw, efallai mai'r ddawn geirio yw'r gwahaniaeth mwyaf rhwng canwr cymharol dda a chanwr arbennig o dalentog. Wrth gwrs bod angen llais – ewch chi ddim yn bell hebddo – ond yr un yw'r nodau i bob canwr neu gantores, a'r hyn sy'n gosod un uwchlaw'r gweddill yw'r ddawn i liwio ac i amrywio'r llais fel bod y geiriau'n fwy ystyrlon; y gallu i fedru defnyddio'r ddwy elfen i gyfleu'r emosiwn.

Dyna oedd cyfrinach fawr Maria Callas a Tito Gobbi, er enghraifft – lleisiau da, er nad y gorau yn y byd, efallai, ond roedd ganddyn nhw'r ddawn i ddefnyddio'r geiriau mewn ffordd arbennig ac unigryw i amlygu'r goleuni a'r cysgod oedd yn y gerddoriaeth ac o fewn y cymeriadau. Mae'r ddawn honno gan Bryn Terfel hefyd, a chan Dennis O'Neill. Nid dim ond canu nodau'n gyffrous a phêr y maen nhw, chwedl Frederick Cox, ac nid dim ond geirio'n eglur maen nhw chwaith. Maen nhw'n gwneud i bob gair a brawddeg olygu rhywbeth, ac wedyn mae'r geiriau'n tanio'r syniadau a'r emosiynau y mae'r cyfansoddwr wedi eu creu o fewn y gerddoriaeth. Mae'n haws i ni fel cynulleidfa, wedyn, ddilyn y broses feddyliol, ac empatheiddio â'r cymeriadau.

Dwi'n un o'r rheiny sydd ddim yn gwrthwynebu'r arfer cynyddol i ddefnyddio is-deitlau sy'n cyfieithu geiriau'r opera i'r gynulleidfa. Medraf eu darllen os oes angen neu eu hanwybyddu os ydw i eisiau – ond mae'n syndod deall bod Cwmni Opera Lloegr (ENO) yn bwriadu defnyddio is-deitlau. Mae'n wir fod eu cartref, theatr y Coliseum yn Llundain, yn enfawr o ran maint, ond wedi'r cyfan maen nhw'n canu naw deg naw y cant o'u perfformiadau yn Saesneg!

Mae Dennis yn actor lleisiol penigamp, ac mae ganddo wyneb sy'n medru mynegi teimladau yn dda dros ben. Yn bersonol, dwi'n teimlo weithiau ei fod yn poeni gormod ei fod e'n ŵr byr, a'i fod o ganlyniad yn ymdrechu'n ormodol, wrth chwarae cymeriadau awdurdodol ac arwrol, i greu'r argraff ei fod yn gawr o ddyn. O'i gyfarfod oddi ar y llwyfan, mae pawb yn ymwybodol yn syth o'r bersonoliaeth naturiol bwerus sydd ganddo, a chredaf y dylai ymddiried ychydig yn fwy ynddi wrth droedio'r llwyfan.

Ond gall fod yn gynnil ac yn effeithiol fel actor llwyfan. Dim ond wrth chwarae cymeriad y bandit Dick Johnson yn yr opera *La Fanciulla del West* gan Puccini, y cofiaf i'r adolygwyr awgrymu bod ei daldra'n ei gwneud hi'n anodd iddyn nhw dderbyn realiti'r portread. Maen nhw'n anghofio, wrth gwrs, mai Caruso oedd y cyntaf i ganu'r rhan – ac roedd e yr un taldra'n union â Dennis! Mae Dennis ei hun yn aml, â'i dafod yn ei foch, yn cyfeirio ato'i hun fel 'y corrach bach', ond dwi ddim yn credu y byddai'n ddoeth i neb arall ddefnyddio'r disgrifiad heb yn gyntaf sicrhau bod ei yswiriant iechyd yn ddigonol!

*　　　*　　　*

Mae Dennis yn dal i ganu detholiad amrywiol o ganeuon a deuawdau mewn cyngherddau, ond yn y tŷ opera ei hun mae'n ei gyfyngu ei hun, bellach, i gymeriadau megis Radames yn *Aida*, Calaf yn *Turandot*, Manrico yn *Il Trovatore* ac ambell berfformiad o'r arlunydd Cavaradossi yn yr opera *Tosca*. Mae'n eithriadol o lwyddiannus hefyd wrth ganu rhan Otello yn yr opera gan Verdi. Dyma'r rhan sy'n cael ei chyfrif yn binacl, y prif brawf i'r tenor Eidalaidd, a Dennis yw un o'r ychydig artistiaid yn y byd ar hyn o bryd sy'n medru ei chanu a'i chynnal. Llais y *tenore di forza* (mae'r term yn ddisgrifiad ynddo'i hun) fyddai'n ddelfrydol yn y rhan, ond drwy ddilyn cyfarwyddiadau Verdi yn fanwl gyson, mae Dennis yn medru amlygu elfennau telynegol Otello, tra bod hen ddigon o nerth yn y llais i ganu'r golygfeydd dychrynllyd o ddramatig sy'n dilyn ei gilydd un ar ôl y llall yn yr opera hon. Pan fo arweinydd fel Zubin Mehta wrth y llyw i sicrhau nad yw'r gerddorfa'n cael boddi'r cantorion, mae perfformiad Dennis fel Otello ymhlith y gorau yn y byd. Mae Dennis hefyd ymhlith y nifer fechan o gantorion sy'n medru canu rhannau'r tenor yn yr operâu *Cavalleria Rusticana* a *Pagliacci* ar yr un noson. Bellach mae e o'r farn ei fod yn rhy hen i bortreadu rhan Turiddu yn *Cavalleria Rusticana*, ond i mi, ac ym marn yr adolygwyr, roedd e'n creu spif a fflyrt penigamp yn yr opera honno. Mae rhan Canio'r clown yn *Pagliacci*, ar y llaw arall, heb unrhyw amheuaeth, yn ei siwtio i'r dim – yn lleisiol, o ran oed, ac yn gorfforol. Does dim angen lliwio'r gwallt na chuddio'r stumog, mae Dennis yn berffaith fel y mae. Dros y blynyddoedd dwi wedi gweld nifer fawr o berfformiadau o *Pagliacci*, a chan geisio bod mor wrthrychol ag y medraf fod, credaf mai perfformiad Dennis yn yr opera hon yw'r gorau i mi erioed ei weld. Mae'r actio'n ddramatig ac yn hollol gredadwy; mae'r canu'n angerddol o ddorcalonnus.

Yn y flwyddyn 1946, *Cavalleria Rusticana* a *Pagliacci* oedd y ddwy opera gyntaf i Gwmni Opera Cenedlaethol Cymru erioed eu llwyfannu, ac fel rhan o ddathliadau pen-blwydd y Cwmni union hanner can mlynedd yn ddiweddarach, cafwyd cynyrchiadau newydd campus ohonynt, gyda Dennis O'Neill yn canu rhan y tenor yn y ddwy opera.

Yn hytrach na darlledu'r perfformiadau gwych hynny, fe benderfynodd BBC Cymru, am resymau na fedraf eu deall hyd heddiw, ddarlledu cynhyrchiad newydd chwerthinllyd a gwan o *Nabucco* yn eu lle. Mae'n wir fod yr opera honno'n ganolog yn hanes datblygiad Cwmni Opera Cenedlaethol Cymru, ond yn 1952 y perfformiwyd *Nabucco* gyntaf ganddynt – bedair blynedd ar ôl sefydlu'r Cwmni. Ar wahân i Gwyn Hughes Jones, a oedd yn gwneud ymddangosiad cyntaf addawol dros ben gyda'r Cwmni, doedd neb arall ymhlith prif gantorion y cynhyrchiad newydd o *Nabucco* yn 1996 ag unrhyw gysylltiad â Chymru.

Chwarae teg i S4C a Theledu Opws am roi'r cyfle i Gymru gyfan, yn ddiweddarach, fwynhau'r cynyrchiadau o '*Cav* a *Pag*' fel y'u gelwid, a chael clywed un o brif denoriaid y byd yn canu – tenor o Gymro oedd yn dal i fyw yng Nghaerdydd! Sôn am broffwyd yn ei wlad ei hun eto!

Rhag ofn i neb dybio mai rhagfarn bersonol sy'n gyfrifol am fy meirniadaeth o'r cynhyrchiad hwnnw o *Nabucco*, mae'n werth cofio i'r un cynhyrchiad gael ei berfformio yn Covent Garden hefyd, ac i'r arweinydd, Syr Edward Downes, wrthod bod yn rhan ohono, i'r brif soprano, Julia Varady, wrthod canu ynddo, ac i gerddorfa'r Tŷ Opera chwerthin gymaint o weld rhai o elfennau'r cynhyrchiad, fel y bu'n rhaid eu newid neu eu dileu'n gyfan gwbl.

*   *   *

Mae sôn am 'yrfa ryngwladol' yn rhyfeddol o hawdd y dyddiau hyn. Os darllenwch chi'r manylion sy'n cael eu cynnwys mewn rhaglenni, mae pob canwr, bron, yn rhestru rhyw ganolfan bwysig neu'i gilydd y mae wedi canu ynddi. Ond y prawf yw a fu'r adolygiadau'n ffafriol neu beidio; a fydd gwahoddiad i fynd yno eto? Mae Dennis O'Neill wedi canu dros y byd i gyd, ar bum cyfandir, yn y canolfannau operatig pwysig i gyd – ac wedi dychwelyd droeon i ganu'r *prif* rannau yn y canolfannau hynny. Mae'n rhestr hir, ond mae'n werth cofio iddo ganu yn Sydney, Efrog Newydd, Chicago, San Francisco, Cleveland, Philadelphia, a San Diego, ym Mrasil, Vancouver, Tel Aviv, Hambwrg, Munich, Berlin, Bonn, Cologne, Dresden, Vienna, Zurich, San Petersburgh, Amsterdam, Barcelona, Brussels, Paris, Marseilles, Nice, Madrid, Lisbon, Oviedo, Oslo, Catania, Florence, Parma, Rhufain, Turin, Venice, yr Arena yn Verona, yn Llundain a Chaerdydd ac, ar ryw adeg neu'i gilydd, mewn cyngherddau a pherfformiadau mewn trefi a phentrefi ar hyd a lled Cymru a Phrydain benbaladr. Mae Dennis wedi canu i Gwmni La Scala ar daith ond, er cael cynigion i ganu yno, dyw e erioed, er mawr dristwch iddo, wedi canu yn La Scala ei hun.

Ymhlith yr arweinyddion iddo gydweithio â nhw mae Claudio Abbado, Riccardo Muti, Riccardo Chailly, Carlo Rizzi, Zubin Mehta, Richard Hickox, Simone Young, Charles Dutoit, Leonard Slatkin, Evgeni Svetlanov, Guiseppe Sinopoli, Syr George Solti, Syr Colin Davies, Syr Charles Mackerras, Syr John Pritchard, Syr Charles Groves, Syr Simon Rattle, Andrew Davies a nifer fawr o arweinyddion galluog eraill. Mae wedi recordio i gwmnïau RCA Victor, Orfeo, BBC Records, Collins Classics, Chandos, Nimbus a Sain.

Cafodd y CBE gan y Frenhines yn y flwyddyn 2000 fel cydnabyddiaeth o'i gyfraniad i fyd cerddoriaeth ac opera; mae'n Gymrawd o Goleg Brenhinol Cerdd a Drama Cymru ac wedi derbyn gwisg wen Gorsedd Beirdd yr Eisteddfod Genedlaethol. Dair blynedd yn ôl derbyniodd Ddoethuriaeth mewn Cerddoriaeth er Anrhydedd gan Brifysgol Morgannwg – anrhydedd y mae'n arbennig o falch ohoni, o gofio bod ei gyfnod ym Mhrifysgol Sheffield wedi bod mor siomedig. Yn sicr mae wedi cyflawni pob addewid ers hynny. Ym mis Mawrth 2006 fe'i gwnaed yn aelod anrhydeddus o'r Academi Gerdd Frenhinol – dim ond tri chant o aelodau sydd yn yr Academi, ac yn y gorffennol fe fu Mendelssohn, Liszt a Stravinsky yn eu plith.

Erbyn hyn mae Dennis wedi canu mewn dros gant o wahanol operâu, a phetai rhywun yn rhoi rhybudd o bythefnos iddo, mae'n credu y medrai ganu rhyw ddeugain ohonyn nhw'n gwbl gyfforddus. Hwn yw'r gŵr sy'n honni bod ei gof yn ddiffygiol! Hwn yw'r canwr â'r llais bach melys, na chredai neb yn nyddiau ei ieuenctid fod ganddo obaith caneri o fedru gwneud bywoliaeth dda o ganu'n broffesiynol! Bu wrthi ers pymtheg mlynedd ar hugain, bellach, ac mae'n dal wrthi, yn canu gystal os nad yn well nag erioed, ac mae cynlluniau newydd, cyffrous ganddo i'r dyfodol. Dyna beth yw gyrfa! Dyna beth yw llwyddiant!

Cymeriadau Byd Opera

Poiché siam uomini
Di carne e d'ossa, e che di quest'orfano
Mondo al pari di voi spiriamo l'aere!

Oherwydd rydym ninnau, fel chwithau,
Yn ddynion o gig ac asgwrn,
Yn anadlu awyr y byd afradlon hwn!

(Y Prolog yn *Pagliacci* gan Leoncavallo)

MAE'N rhaid cydnabod mai byd rhyfedd yw byd yr opera. Mae'r cymeriadau i gyd yn teimlo gorfodaeth ryfeddol i fynegi eu hunain mewn cân! Pan fydd cadfridog operatig yn colli brwydr, er enghraifft, yn hytrach na mynd ati'n syth i ailgynnull ei filwyr, fe fydd yn canu am hanner awr a mwy yn esbonio'i deimladau! Mae'n rhaid eich bod chi wedi sylwi hefyd fod 'na nifer fawr o briodasau mewn operâu, a bod yr holl broses – cyfarfod, dyweddïo a phriodi – yn aml yn cymryd llai na hanner awr. Ond er bod cryn dipyn o garu, deisyfu a chwenychu, nifer fach iawn o fabanod sydd i'w gweld ar hyd y lle, felly mae'n rhaid bod cymeriadau byd opera wedi darganfod dulliau atal cenhedlu flynyddoedd o flaen pawb arall! Does 'na ddim mân afiechydon ym myd opera, chwaith, felly does fyth sôn am annwyd neu ddarwden, ac mae pob anhwylder yn salwch marwol. Yn anffodus, mae marwolaeth yn gyffredin iawn ym myd opera. Mae achosion y marwolaethau hynny'n cynnwys syrthio i ganol ffos garthion neu lyncu deilen wenwynig, ond dyw hyd yn oed torri pen rhywun i ffwrdd ddim o angenrheidrwydd yn golygu na fydd y cymeriad yn canu aria fawr cyn trengi. Does dim gwybed na chlêr ym myd opera, a dyw eira byth yn toddi. Fe all blwyddyn fynd heibio mewn deng munud, neu yng nghyfansoddiadau Wagner gall gymryd ugain mlynedd!

Ie, ond ar ei orau, mae opera yn gyfuniad o ddrama bwerus a cherddoriaeth fythgofiadwy; mae'n gyfuniad o ganu gwefreiddiol ac o actio teimladwy, ac mae'n gyfrwng sy'n defnyddio holl adnoddau'r llwyfan – dawns, gwisgoedd a cholur, setiau a goleuadau – sy'n deffro'r dychymyg ac yn creu undod theatrig unigryw. Mae'n ddelfryd anodd ei gwireddu, ac mae bron yn amhosibl tynnu'r holl elfennau gwahanol hyn ynghyd yn llwyddiannus bob tro, ond pan fo hynny'n digwydd, mae'n brofiad sy'n gallu codi gwallt y pen a llanw'r llygaid â dagrau.

Rhyw noson yn y Theatr Newydd yng Nghaerdydd, dwi'n cofio gwylio ymateb y gynulleidfa o'm cwmpas wrth i Madam Butterfly ffarwelio â'i mab bychan cyn iddi ei lladd ei hunan – roedd y merched o'm cwmpas yn crio'n agored, tra bod nifer o'r dynion yn ceisio osgoi edrych ar y llwyfan, ond ni fedrent guddio'r ffaith eu bod yn llyncu'n galed. Mae opera, ar ei orau, yn medru cyffwrdd â phawb. Mae cyfansoddwr o athrylith a chanwr dawnus yn medru creu sefyllfaoedd a chymeriadau sy'n crisialu'r emosiynau mawr hynny sydd bwysicaf yn ein bywydau.

*   *   *

Yn ystod fy ngyrfa actio, cefais gryn brofiad o ddysgu llinellau a chreu cymeriad, ond doedd gen i ddim syniad sut y byddai canwr fel Dennis yn mynd ati i ddysgu ei ran mewn opera. Ei gam cyntaf, mae'n debyg, yw prynu copi clawr caled o'r sgôr – nid i'w ddarllen yn syth yn gymaint â chael y teimlad o'i 'berchenogi'. Mae copi o'r fath yn osgoi'r perygl y bydd yn syrthio'n ddarnau mewn ymarferiadau wrth droi tudalennau o flaen arweinydd pwysig neu fyr ei amynedd; ond mae rhywbeth seicolegol yn perthyn i'r weithred hefyd – rhyw argoel y bydd ei angen am fwy nag un perfformiad! Y cam nesaf fydd darllen crynodeb o'r stori, wedyn fe fydd yn darllen pob gair o'r libreto'n fanwl er mwyn cael syniad clir o'r cymeriad y mae'n ei chwarae. Dim ond ar ôl hynny y bydd yn mynd ati i edrych ar y gerddoriaeth, ac i danlinellu ei ran mewn pensel lliw melyn; mae hwnnw'n orchwyl y gellid ei wneud wrth deithio mewn trên neu awyren. Trwy wneud hynny mae Dennis yn medru gweld y problemau a'r sialensau lleisiol sydd yn rhaid iddo eu meistroli. Rhan arall o'r broses ddysgu yw gwrando ar recordiau, nid er mwyn copïo, ond er mwyn deall a chymharu sut y mae rhai o gantorion enwocaf y gorffennol wedi dehongli a meistroli'r rhan y bydd yn ei chwarae. Yna mae Dennis yn penderfynu sut y gall e ddodi ei stamp ei hun ar y cyfan.

Fe fydd Dennis bob amser yn dysgu'r geiriau a'r gerddoriaeth gyda'i gilydd, ac yn dechrau gyda cherddoriaeth y deuawdau, y triawdau a'r *ensembles* sy'n cynnwys cantorion eraill a'r corws. O leiaf, wedyn, fydd e byth yn arafu a gwylltio ei gyd-gantorion yn yr ymarferiadau – fel mae rhai cantorion yn ei wneud. Fe all ddysgu'r unawdau ar ei ben ei hun, a gweithio'r gerddoriaeth 'i mewn i'r llais'. Oherwydd ei fod yn gerddor a phianydd mor dda mae'n medru paratoi – gan gynnwys chwarae'r cyfeiliant cerddorfaol – heb orfod cyflogi pianydd neu *répétiteur* proffesiynol i'w helpu i ddysgu'r rhan. Mae Dennis yn cyffesu ei fod hefyd, bron fel y gwnâi yn ei ddyddiau ysgol, yn gadael popeth tan y funud olaf, oherwydd bod *deadline* yn help mawr iddo ganolbwyntio. Fel pob canwr, mae'n aml yn mwmian ac yn canu'r gerddoriaeth yn ddiarwybod, yn aml yn y mannau rhyfeddaf, gan wneud i bobl edrych arno fel cymeriad reit ecsentrig, a dweud y lleiaf! Anaml y bydd yn ysgrifennu'r cyfarwyddiadau ble i symud ar y set – mae'n well ganddo 'deimlo' y symudiadau hynny, a chofio'r cymhellion sydd yn peri i'r cymeriad symud neu wneud rhywbeth neu'i gilydd ar ryw nodyn arbennig.

Ond er yr holl baratoi manwl, mae'n rhaid dibynnu o bryd i'w gilydd yn ystod perfformiadau ar y cofweinyddion (y *prompters*) sy'n llochesu yn eu cuddfannau o dan y llwyfan o olwg y gynulleidfa, ond sy'n ddigon amlwg i'r cantorion eu gweld pan fo'r angen. Ym myd y ddrama, fe fydd cofweinydd yn helpu actor pan fydd wedi anghofio'i eiriau, ond mae swyddogaeth wahanol ganddynt ym myd yr opera. Yno, fe fydd cofweinydd yn aml yn bwydo *pob* llinell i'r canwr cyn iddo'i chanu, pa un a yw wedi anghofio ai peidio; mae'n rhoi ciwiau cerddorol hefyd, gan fod yr arweinydd yn aml yn llawer rhy brysur gyda phopeth arall sy'n digwydd ar y llwyfan ac yn y gerddorfa i fedru ciwio popeth. O ddilyn yr ymarferiadau a thrafod gyda'r cantorion, mae cofweinydd da yn gwybod ymlaen llaw os oes mannau penodol sy'n creu problemau yn y gerddoriaeth neu'r cynhyrchiad, ac fe fydd wrth law i brocio'r cof ac i wenu'n braf hefyd os yw'r perfformiad yn mynd yn dda. Ond mae cofweinydd gwan yn medru creu problemau wrth ymyrryd yn ormodol ac yn ddiangen. Weithiau fe fydd gan gofweinydd lais mor uchel fel bod modd ei glywed uwchben y cantorion a'r gerddorfa! Ar lwyfan mor llydan â'r Arena yn Verona, mae o leiaf ddau gofweinydd yn gweithio gyda'i gilydd, ond mewn un perfformiad yno mae Dennis yn cofio gweld wyth ohonynt wrthi, gan nad oedd y brif soprano wedi dysgu'r rhan mewn pryd!

Mae'r traddodiad o ddefnyddio cofweinyddion yn graddol ddiflannu o dai opera'r byd, ac mae hynny'n mynd i greu mwy o densiynau i'r cantorion hynny sy'n fregus eu cof. Dyw Dennis erioed wedi anghofio'r gerddoriaeth, ond ar adegau prin mae'r geiriau wedi bod yn dipyn o gawdel. Yn rhyfedd iawn, dim ond rhyw un linell neu hyd yn oed un gair fydd yn diflannu, a hynny pan fydd yn rhaid i Dennis sefyll am yn hir heb ganu dim byd o gwbl, ond yna fe fydd ganddo ebychiad neu linell i'w thaflu i mewn i'r olygfa; gyda rhyw hanner munud i fynd cyn canu'r llinell, mae'n gwybod i sicrwydd fod y cof yn hollol wag, ond mae'n gwneud ei orau i ymlacio, a chan amlaf, megis trwy hudoliaeth, mae'r gair neu'r cymal yn ymddangos o flaen ei lygaid mewn pryd. Problem arall yw canu'r un rhan mewn gwahanol gynyrchiadau o fewn dyddiau i'w gilydd; mae'n hawdd iawn cymysgu'r symudiadau a'r dehongliadau wedyn. Mae Dennis yn cofio, er enghraifft, iddo ganu rhan Radames yn *Aida* gan Verdi gyda'r mezzo soprano Americanaidd, Dolores Zadzic, yn canu Amneris, ac yna fe ganodd y ddau ohonynt yr union rannau hynny gyda'i gilydd ddau ddiwrnod yn ddiweddarach mewn cynhyrchiad cwbl wahanol. Roedd yn rhaid iddynt ganolbwyntio'n ofalus iawn, neu fe fyddai wedi bod yn draed moch arnyn nhw. Yn naturiol, os yw'r cynhyrchiad yn un newydd, fe fydd amser digonol wedi ei glustnodi gogyfer â'r ymarferiadau, ond os mai ail-greu cynhyrchiad sydd eisoes yn bodoli y byddan nhw, yn aml, bach iawn o amser sydd ar gael i bawb ymgodymu â gofynion y cynhyrchiad. Weithiau, fydd hi ddim yn bosibl hyd yn oed cael amser i ymarfer ar y llwyfan na gweld y setiau priodol, gan fod cynyrchiadau a pherfformiadau eraill yn defnyddio'r llwyfan. Bryd hynny fe fydd yn rhaid ymarfer mewn ystafell, a chael y cynhyrchydd neu'r rheolwr llwyfan i ddisgrifio'r golygfeydd gorau gallan nhw i'r perfformwyr – 'Mae'r ddwy gadair yn y canol yn cynrychioli'r gwely, y bocs ar y dde yw'r ddesg lle byddwch chi'n ysgrifennu'r llythyr, ond mae'r ddesg go iawn yn llawer mwy, wrth gwrs!'

Mae'n sefyllfa chwerthinllyd ac anghredadwy, weithiau. Dyw hi ddim yn gwbl amhosibl, yn Vienna er enghraifft, sydd bellach yn cynhyrchu opera fel petai'n ffatri gwneud sosejys, i'r cantorion gyfarfod â'i gilydd am y tro cyntaf ar y llwyfan ar ddechrau'r perfformiad. Mae stori enwog am Tito Gobbi flynyddoedd yn ôl yn canu rhan Riccardo mewn cynhyrchiad o *Un Ballo in Maschera* gan Verdi, ac yn cyrraedd mor hwyr fel nad oedd amser i esbonio'r nesaf peth i ddim iddo am y symudiadau a'r dehongliad. Cael a chael oedd hi gydol y perfformiad, ond roedd hi'n siop siafins yn yr act olaf. Bryd hynny mae Riccardo'n lladd y brenin Gustavus, ond ni wyddai Tito Gobbi sut i ddod o hyd i'r gwn oedd ei angen arno i'w saethu. Roedd mewn panig llwyr nes i un o'r corws sibrwd yn ei glust, 'Ei drywanu fyddwn ni yn y cynhyrchiad hwn, ac mae'r gyllell yn y gwregys!' Mae byd opera'n dipyn o ryfeddod mewn mwy nag un ystyr!

*   *   *

Dros y blynyddoedd mae Dennis wedi canu dros gant o wahanol rannau, ac mae rhai ohonynt, Jacopo yn *I Due Foscari* gan Verdi, a'r brenin Carlo yn yr opera *Giovanna d'Arco*, hefyd gan Verdi, yn rhannau nad oes ond llond dwrn o gantorion wedi eu perfformio yn ystod yr ugain mlynedd diwethaf. Ond mae hefyd wedi perfformio'n gyson mewn nifer fawr o'r operâu mwyaf poblogaidd, ac mae'n teimlo atyniad agos iawn at rai o'r cymeriadau sy'n ymddangos ynddynt. Mae'n ddiddorol clywed ei syniadau am y cymeriadau hynny, a pham ei fod yn hoffi rhai yn fwy na'i gilydd.

Mae Dennis yn teimlo 'dyled fawr' i gymeriad Rodolfo, y bardd, yn *La Bohème*, oherwydd mai dyna'r cymeriad a brofodd iddo, yn gynnar yn ei yrfa yn Awstralia, mai yn y math hwnnw o *repertoire* Eidalaidd y byddai'n debygol o wneud gyrfa lwyddiannus iddo'i hun. Ar ôl ymuno â Chwmni Opera Cenedlaethol yr Alban, hefyd, rhan Rodolfo a'i dododd 'ar y map', fel petai. Ond, yn rhyfedd iawn, dyw Dennis ddim yn or-hoff ohono fel cymeriad. Mae'n teimlo ei fod yn rhy felys a 'neis-neis', ac yn dipyn bach o ddoli glwt.

Fyddwn i'n bersonol erioed wedi sylwi ar hyn, ond mae'n rhan hir ofnadwy i'w chanu hefyd, ac ar wahân i ddeng munud ar ddechrau'r drydedd act, mae Rodolfo'n gorfod bod ar y llwyfan drwy gydol yr opera. Syndod arall yw deall bod Dennis hefyd yn casáu'r aria *Che geli da manina* â chas perffaith, nid oherwydd y nodyn C uchaf sy'n uchafbwynt ynddi (mae'n medru canu'r rheiny yn ei gwsg, bellach) ond oherwydd ei fod o'r farn nad yw'r aria'n ddigon da i haeddu'r fath sylw a gor-ganmol. Mae gan Dennis dalent gomedi dda dros ben, ond nid yw'n teimlo'n hapus mewn *slapstick*, ac mae bron pob cynhyrchiad o *La Bohème* y bu'n rhan ohono erioed yn gwneud i'r Bohemiaid ifanc golbio'n wyllt a phlentynnaidd o gwmpas y llwyfan.

Ymhlith y cantorion gorau iddo gydweithio gyda nhw yn *La Bohème* mae'r soprano o Rwmania, Ileana Cortrubas, 'a fedrai wneud Mimì yn gymeriad mor boenus o fregus, ond heb wneud iddi ymddangos yn sentimental o gwbl'. Ei arwr mawr ar record yn canu rhan Rodolfo yw Gigli, a'r gorau iddo erioed ei weld yn canu'r rhan yn fyw ar lwyfan oedd y Pavarotti ifanc. Mae Dennis ei hun, yn bennaf oherwydd ei fod yn credu ei fod yn edrych yn rhy hen bellach, wedi rhoi'r gorau i'r rhan ar y llwyfan ers rhai blynyddoedd.

Mae nifer o atgofion digri gan Dennis am chwarae Rodolfo ar draws y byd. Yn ystod ei ddyddiau gyda Chwmni Opera Talaith De Awstralia fe gyrhaeddon nhw le diarffordd o'r enw Ceduna, pentref o ryw bedair mil o drigolion heb fod yn agos at unrhyw le o bwys, ar gyrion milltiroedd o dwyni a thwmpathau. Ond roedd yno dŷ opera, bach o ran maint, ond wedi ei bensaernïo'n berffaith. Ychydig funudau cyn i'r perfformiad o *La Bohème* ddechrau yn Ceduna, fe drodd rheolwr llwyfan y theatr at Dennis a dweud wrtho mewn acen leol gref, *'Don't worry about the noise, mate, it'll soon stop.'* Doedd dim amser i ofyn beth oedd y sŵn y cyfeiriai ato na pham y byddai'n debygol o orffen yn weddol fuan, gan fod y nodau agoriadol ar y piano yn galw Dennis/Rodolfo i'r llwyfan.

Hyd heddiw mae Dennis yn dal i wenu wrth gofio'r hyn welodd e. Roedd y theatr fach yn orlawn, ond roedd y seddi blaen wedi eu symud i'r ochr, ac roedd rhywun wedi gosod carped mawr ar y llawr yn eu lle. Ar y carped hwnnw roedd holl blant bach Ceduna'n chwarae'n hapus a swnllyd heb gymryd unrhyw sylw o'r hyn oedd yn digwydd ar y llwyfan; roeddent yn chwarae criced, pêl-droed, gwthio bysys a threnau ar hyd y llawr a rhedeg ar ôl ei gilydd fel petaent adref. Dyna'r *'noise'* y cyfeiriodd y rheolwr llwyfan ato, a gwir y proffwydodd hefyd y byddai'r sŵn yn cyflym ddiflannu, oherwydd o fewn rhyw hanner awr roedd y plant wedi hen flino ac wedi syrthio i gysgu'n braf ynghanol y teganau, ac fe berfformiwyd gweddill *La Bohème* y noson honno gyda pherffaith chwarae teg!

Roedd esboniad syml i'r cyfan. Anaml iawn y byddai cwmnïau teithiol yn cyrraedd Ceduna, a phan fyddai perfformiadau'n cael eu cynnal yn eu theatr fach, hyfryd, doedd neb o'r trigolion am golli'r cyfle i'w gweld; ar noson perfformiad, felly, roedd dod o hyd i rywun fyddai'n fodlon gwarchod y plant yn amhosibl, ac roedd hi'n llawer haws trefnu i'r plant ddod i'r theatr gyda'u teuluoedd.

Cafodd Dennis brofiad eithaf brawychus yn canu rhan Rodolfo am y tro cyntaf yn y Met yn Efrog Newydd. Bu'n rhaid iddo hedfan yno ar fyr rybudd, ac roedd yn un o'r achlysuron hynny pan nad oedd amser iddo weld y cynhyrchiad na chwaith i gael ymarfer ar y llwyfan; yn anffodus roedd y soprano a chwaraeai ran Mimì yn yr un sefyllfa'n union. Aeth yr act gyntaf yn eithriadol o dda dan yr amgylchiadau, ond roedd yr ail act, sydd wedi ei gosod yn y Café Momus, yn llawer mwy cymhleth.

Franco Zeffirelli oedd berchen y cynhyrchiad hynod foethus ac uchelgeisiol hwnnw. Roedd stryd gyfan, yn llawn o wahanol fathau o siopau, wedi ei hadeiladu ar lwyfan enfawr y Met, gyda phersbectif perffaith yn creu'r argraff ei bod yn ymestyn i'r pellafoedd, ac yn cyrraedd hefyd hyd at flaen y llwyfan, lle roedd caffe go iawn wedi ei adeiladu. Roedd aelodau o'r corws a thorf fawr o *extras* yn rhuthro o gwmpas y llwyfan, ac roedd yn ddigon hawdd i'r cantorion golli eu ffordd ynghanol y fath brysurdeb – yn enwedig os nad oedden nhw wedi gweld y cynhyrchiad o'r blaen! Mae Dennis yn cofio'n glir i'r rheolwr llwyfan ddweud wrtho,

'Peidiwch gofidio, fe fydd y corws yn medru dweud wrthych ble i fynd.' Ar y cyfan fe aeth popeth yn iawn, ond yn sydyn roedd cyffro mawr yn rhywle ar y llwyfan a chryn dipyn o weiddi, ac fe wthiwyd Dennis a'r soprano o'r ffordd yn ddiseremoni wrth i gert, yn cael ei dynnu gan bedwar ceffyl mawr, ruthro dros yr union fan lle safent eiliad ynghynt. Yn y cerbyd crand hwnnw roedd Musetta'n gwneud ei hymddangosiad cyntaf, trawiadol, ond fe fu ymadawiad Rodolfo a Mimi â'r llwyfan bron â bod yn llawer mwy dramatig y noson honno!

Mewn cynhyrchiad arall o *La Bohème* mae Dennis yn cofio iddo gael trafferthion yn yr act gyntaf gyda'r stof sy'n cynhesu'r giarat oer ac anghysurus sy'n gartref i'r Bohemiaid. Mae Rodolfo'n cynnau'r stof ac yn bwydo'r tân gyda thudalennau nifer o'i hen gyfansoddiadau barddonol; un noson – does neb yn gwybod pam – fe aeth darn o bapur yn sownd ym mhiben y simdde; cafwyd mwy o dân na'r disgwyl, a llanwyd y llwyfan â mwg. Bu'n rhaid i'r gweithwyr llwyfan ddiffodd y stof i gyfeiliant chwerthin a chymeradwyaeth hapus y dorf. Yn rhyfedd iawn, digwyddodd rhywbeth tebyg i Gigli wrth chwarae Rodolfo yn Covent Garden, ond bu'n rhaid iddo ef druan, gario bwcedi o ddŵr o'r cefn i ddiffodd y fflamau – tra oedd yn parhau i ganu *Che geli da manina* ar yr un pryd! Y bore canlynol, roedd penawdau'r papurau newydd yn llawn cyfeiriadau megis '*Gigli puts fire into La Bohème!*'

*   *   *

Un o hoff rannau Dennis yw'r arlunydd Cavaradossi yn yr opera *Tosca* gan Puccini, ac mae'n dal i ganu'r rhan yn weddol gyson. Yn wahanol i Rodolfo, mae Cavaradossi yn rhan gymharol fyr ac, yn ôl Dennis, mae'n medru bod 'braidd yn ddiddiolch, gan nad yw'r gynulleidfa'n closio at y cymeriad, fel y byddan nhw tuag at Tosca, neu fel y byddan nhw'n ffieiddio Scarpia, pennaeth creulon yr heddlu'. Mae

Dennis yn hoff iawn o'r unawd *Recondita armonia* (Harmoni cyferbyniadol) yn yr act gyntaf, ac yn teimlo ei fod dros y blynyddoedd wedi dodi ei stamp ei hunan arni, yn arbennig yn nhynerwch y geiriau *Tosca ha l'occhio nero* (Ond mae gan Tosca lygaid duon), sy'n rhoi cyfle annisgwyl, efallai, i'r gynulleidfa synhwyro ei gariad angerddol tuag at Tosca. Ond ar wahân i'r ddeuawd eithaf dymunol sy'n dilyn, does 'na ddim byd arall o sylwedd gan Cavaradossi yn yr act gyntaf. Bach iawn sydd ganddo yn yr ail act hefyd, ac mae'n treulio cryn dipyn o'i amser yn cael ei boenydio mewn cell sydd fel arfer wedi ei lleoli rywle tu cefn i'r llwyfan.

Un o uchafbwyntiau'r ail act, fodd bynnag, yw'r nodau uchel gwefreiddiol y mae Cavaradossi'n eu hyrddio at Scarpia wrth i'r ddau glywed am fuddugoliaeth Napoleon ym mrwydr fawr Marengo, ac mae clywed Dennis yn canu *Vittoria* (Buddugoliaeth) yn un o'r eiliadau hynny sy'n medru codi gwallt eich pen yn y theatr. Mae'r nodau hefyd yn gwneud i'r gynulleidfa deimlo bod gan Cavaradossi lawer mwy i'w gyfrannu nag a wnaeth hyd yn hyn. Gyda chyn lleied i'w wneud, mae Dennis yn cyffesu ei bod hi'n hawdd iawn colli diddordeb, a bod angen cryn ddisgyblaeth er mwyn canolbwyntio'n llwyr yn ystod y ddwy act gyntaf.

Mater hollol wahanol yw'r act olaf; yma mae Cavaradossi'n gymeriad cwbl ganolog. Yn gyntaf oll mae'n rhaid canu'r aria *E lucevan le stelle ed olezzava la terra* (Roedd y sêr yn disgleirio a'r ddaear yn perarogli); mae Dennis yn bencampwr ar danlinellu'r tywyll a'r golau sydd yn y gerddoriaeth, a gall amrywio rhwng y telynegol a'r pwerus. Mae'r amrywiaeth hwnnw yn rhywbeth anodd iawn i ambell denor ei gyflawni yn yr aria hon. Y cymal cerddorol y bydd Dennis yn edrych ymlaen fwyaf ato yn yr holl opera yw *O dolci mani mansuette e pure* (O ddwylo annwyl, mor bur a thirion) wrth i Cavaradossi gusanu dwylo ei anwylyd sydd newydd ladd Scarpia er ei fwyn. Mae Dennis yn teimlo ei fod 'wedi ei eni i ganu hyn', ac yn sicr ni fedraf feddwl am neb arall ar hyn o bryd sy'n medru canu'r llinell gyda'r fath deimlad, ac mewn *mezza voce* mor felys, ond sydd eto'n gyfan gwbl dan reolaeth. Dwi'n ail-ddweud fy hun mi wn, ond mae'n swnio'n debyg iawn i Gigli wrth ganu *O dolci mani*.

Ar y cyfan, mae Dennis o'r farn nad oedd gan Puccini lawer o barch tuag at y llais dynol, a bod y cyfeiliant cerddorfaol yn *Tosca*, fel yn y rhan fwyaf o operâu Puccini, yn rhy drwm ac yn gorfodi'r cantorion i wthio'n ormodol. 'Ddysgodd e ddim byd erioed gan Verdi am gynildeb,' meddai Dennis, er bod yn rhaid iddo gyfaddef yn syth, wrth gwrs, bod Puccini 'yn feistr ar alawon bythgofiadwy, a'i fod yn athrylith theatrig heb ei ail'.

Mae *Tosca*, am ryw reswm, yn enwog fel opera y bydd nifer fawr o bethau'n mynd o'i le ynddi. Mae 'na storïau di-rif am ddigwyddiadau digrif ac annisgwyl mewn perfformiadau, gan gynnwys gwallt Maria Callas yn mynd ar dân yn yr ail act, a'r noson fythgofiadwy honno, wrth iddi baratoi i ladd Scarpia, ymbalfalu â'i bysedd am garn y gyllell finiog oedd yn cuddio yn y fowlen ffrwythau, a chydio yn hytrach mewn banana a defnyddio honno i roi'r ergyd farwol i Scarpia yn ei frest!

Mae Dennis hefyd wedi dioddef rhai munudau bythgofiadwy wrth chwarae rhan Cavaradossi. Yn yr ail act, mae nifer o gefnogwyr creulon Scarpia yn tynnu Cavaradossi gerfydd ei war i lawr y grisiau i'w boenydio yn y gell danddaearol. Oherwydd bod Dennis yn fychan o gorff, a chefnogwyr Scarpia gan amlaf yn fawr a chyhyrog, mae Dennis yn ymwybodol iawn ei bod hi'n anodd iddo edrych yn naturiol arwrol, ac o'r herwydd mae'n defnyddio'i holl gryfder i wrthsefyll unrhyw ymdrech i'w dynnu oddi ar y llwyfan, er mwyn sicrhau bod y sefyllfa a'r gwrthdaro'n ymddangos mor realistig a chredadwy â phosibl. Felly fe fydd yn gwthio'i draed i'r llawr ac yn ystyfnigo. Oherwydd ei fod yn ŵr lled fyr, mae ganddo graidd disgyrchiant isel iawn, ac mae'r dynion mawr pwerus, sy'n aml yn cael eu chwarae gan aelodau o'r corws, yn methu'n lân â'i symud. Mae'n debyg y clywir pob math o ebychiadau ar y llwyfan, gan gynnwys ymadroddion megis '*Come here you little bugger*,' nad yw'r gynulleidfa, diolch byth, yn medru eu clywed. Weithiau fe fydd Dennis yn llacio'r tensiwn yn ei goesau'n reit sydyn, fel bod rhai o'r bwlis yn colli eu gafael ac yn baglu o gwmpas y llwyfan; mewn un perfformiad fe wnaeth e wrthsefyll cystal nes i ddrws y gell ddod oddi ar ei golynnau wrth iddynt ei dynnu drwyddo.

Mae sawl tenor, mae'n debyg, wrth chwarae Cavaradossi, yn hoffi chwarae tric ar y canwr sy'n canu rhan ceidwad y carchar yn yr act olaf. Dim ond rhyw bedair llinell sydd gan y cymeriad hwnnw i'w canu, ond gan mai baswr ifanc o'r corws sy'n aml yn chwarae'r rhan, mae'n ddigon posibl ei fod yn eithaf dibrofiad ac yn ddigon nerfus hefyd. Mae gosgordd o filwyr yn hebrwng Cavaradossi i'r llwyfan, ac yno mae ceidwad y carchar yn gofyn iddo gadarnhau ei enw. Does neb arall ar y llwyfan, a'r unig beth sydd gan Cavaradossi i'w wneud yw gostwng ei ben mewn cydnabyddiaeth mai fe yw'r carcharor sydd ar fin cael ei ddienyddio, a sibrwd y gair '*Si*'. Ond yr hyn mae'r tenoriaid drygionus yn hoffi ei wneud, gyda'u cefnau at y gynulleidfa wrth gwrs, yw siglo'u pennau mewn syndod llwyr, a dodi'r olwg '*Not me, guv.*' mwyaf diniwed ar eu hwynebau. Mae sawl ceidwad y carchar wedi cael y fath sioc, ac wedi chwerthin cymaint nes methu canu gweddill y geiriau!

Dwi'n cofio gweld perfformiad o *Tosca* yng Nghaerdydd, lle cafwyd problem na fyddai neb wedi medru ei rhagweld. Roedd Dennis wedi dod i'r llwyfan yn yr ail act i'w holi gan Scarpia, ond yn sydyn, diffoddwyd y goleuadau i gyd ym mhwll y gerddorfa, ac fe fu'n rhaid rhoi stop ar y perfformiad gan nad oedd yr offerynwyr yn medru gweld y gerddoriaeth. Daeth y llen i lawr, ac fe fu'n rhaid i'r gynulleidfa eistedd yn amyneddgar am ryw ddeng munud tra bod y broblem yn cael ei datrys. Ymhen hir a hwyr fe ailddechreuodd y perfformiad. Ond, yn anffodus, fe aeth y llen yn sownd hanner y ffordd i fyny, a bu'n rhaid cael saib unwaith yn rhagor. Roedd y cantorion i'w gweld ar y llwyfan, wedi 'rhewi' wrth aros am y ciw i fynd yn eu blaen. Bu'r oedi'n hirach na'r disgwyl, ac wedi hen flino ar sefyll yn ei unfan, gwelwyd Dennis yn sydyn yn cydio yn y fowlen llawn ffrwythau ar y bwrdd, ac yn cynnig dyrnaid o rawnwin i Scarpia. Doedd hwnnw ddim yn gwybod beth i'w wneud ag ef ei hunan, ond roedd y gynulleidfa yn ei dyblau!

Daeth atgofion yn ôl i mi o'r cyfweliad bythgofiadwy hwnnw yn y BBC pan fu'n rhaid i mi chwerthin yn afreolus oherwydd castiau drwg Dennis. Roedd gweddill y perfformiad hwnnw o *Tosca* yn berffaith!

*   *   *

Y rhan anoddaf i unrhyw denor mewn operâu gan Puccini yw rhan y tywysog Calaf yn *Turandot*. Mae'n hir ryfeddol, a heblaw am seibiant o ryw chwarter awr ar ddechrau'r ail act, mae'n rhaid i'r tenor fod ar y llwyfan gydol y noson, naill ai'n canu nerth ei ben, neu'n sefyll o gwmpas am hydoedd mewn gwisgoedd sy'n medru bod yn llethol o drwm. Yn ddelfrydol mae angen llais arwrol enfawr i feistroli rhan Calaf, oherwydd mae'r offeryniaeth, unwaith yn rhagor, yn drwm ac uchel. Mae Dennis o'r farn bod ei lais y mymryn lleiaf yn rhy fach i wneud llawn gyfiawnder â'r rhan, ond mae wedi meistroli disgleirdeb a ffocws ei lais i'r fath raddau nes medru swnio'n gryf a dramatig wrth ganu rhan Calaf. Yn sicr mae'n rhan sy'n rhaid ei hamseru'n ofalus, oherwydd mae gofynion anodd ar y canwr yn y ddwy act gyntaf – unawdau, deuawdau ac *ensembles* cythreulig o uchel o ran sain a chywair – ond yr act olaf yw'r prawf eithaf. Mae'r act honno'n dechrau gyda'r aria enwocaf i denor, ac yn gorffen gyda deuawd rhwng Calaf a Turandot sy'n gofyn am stamina ac ystwythder diflino, a hynny ar ôl teiro, teirawr o berfformio.

Mae Dennis wedi cydganu'r opera gyda nifer o sopranos â'r lleisiau mwyaf ym myd yr opera – Eva Marton o Hwngari a Ghena Dimitrova o Fwlgaria, er enghraifft – ond heb os nac oni bai, y llais mwyaf iddo erioed ei glywed yn canu rhan

Turandot oedd un Gwyneth Jones. Mewn cynhyrchiad yn Munich, mae'n debyg i'r sopranos yn y côr benderfynu eu bod nhw am gael cystadleuaeth i weld a fedrent foddi nodau uchaf yr unawdydd ar ddiwedd yr ail act, ond er iddyn nhw i gyd weiddi nerth eu pennau, roedd Gwyneth Jones yn drech na nhw i gyd, ac fe ellid ei chlywed yn glir, mae'n debyg, yn torri drwy sŵn y gerddorfa a'r côr enfawr. Roedd Gwyneth yn boddi pawb a phopeth arall, ac roedd sefyll yn agos ati ar y llwyfan 'yn ddigon i fyddaru dyn', yn ôl Dennis.

Ond fe fyddai hyd yn oed y fonesig o Bontnewydd yn ei chael hi'n anodd taflu ei llais dros y gerddorfa mae Puccini yn ei defnyddio yn yr opera *La Fanciulla del West*. Wrth ymarfer yr opera gyda'r gerddorfa am y tro cyntaf yng nghynhyrchiad Cwmni Opera Cenedlaethol Cymru, mae Dennis yn cofio sefyll yn gegrwth wrth glywed cymaint o sŵn y mae Puccini yn ei fynnu gan y gerddorfa; mae ei ddefnydd o'r offerynnau pres 'yn feistrolgar ond afluniaidd o uchel,' meddai – roedd e'n methu clywed ei hun yn canu, na chwaith glywed y soprano, Suzanne Murphy, oedd yn sefyll ond rhyw ddwy lathen oddi wrtho. Er iddo gael canmoliaeth am y perfformiadau hynny, ac er ei fod wedi recordio'r opera gyfan yn llwyddiannus iawn i gwmni RCA Victor ers hynny, gyda'r soprano Eva Marton ac o dan arweiniad yr Americanwr Leonard Slatkin, wnaiff Dennis fyth ganu rhan y bandit Dick Johnson eto.

Ond mae Calaf, bellach – er na fyddai neb wedi rhagweld hynny ar ddechrau ei yrfa – yn rhan y mae'n ei chanu'n gyson ar draws y byd. Dwi'n cofio un perfformiad o *Turandot* yn cael ei ddarlledu'n fyw o Covent Garden ar Radio 3; roeddwn i gartref yng Nghaerdydd yn gwrando ac yn recordio'r perfformiad er mwyn i Dennis gael copi ohono gogyfer â'i archifau. Er mawr syndod i mi, cefais alwad ffôn ar ddiwedd yr ail act – Dennis oedd yno yn ei ystafell wisgo, yn holi sut roedd y darllediad yn mynd, ac yn swnio fel pe na bai ganddo'r un gofid yn y byd. Ar ôl sgwrsio am ryw bum munud dwi'n cofio Dennis yn dweud 'Wel, mae'n well mynd, Frank, oherwydd mae'r act olaf ar fin dechrau, ac mae gen i gân werin fach i'w chanu nawr.' Y 'gân werin', wrth gwrs, oedd *Nessun dorma!*

* * *

Ond Verdi yw eilun mawr Dennis; mae yr un mor ddramatig ei arddull â Puccini, ond yn llawer mwy cynnil a sensitif i anghenion y cantorion. Oherwydd iddo gael oes mor hir, cafodd gyfle i berffeithio'i ddawn ac i goethi'r hen draddodiadau a etifeddodd gan Rossini, Donizetti a Bellini. Mae Verdi yn defnyddio mwy o amrywiaeth yn ei gerddoriaeth, ac yn cyflwyno mwy o gyfleoedd i'r tenor ganu'n ddistaw a thelynegol yn ogystal â chanu'n ddramatig ac arwrol. Mae Dennis yn ymwybodol o'r angen i newid ei dechneg rywfaint er mwyn meistroli'r gofynion mae Verdi yn eu gosod ar y llais, ond mae'n gyfansoddwr sydd bob amser yn ymwybodol o'r hyn sy'n bosibl ac yn amhosibl i'r llais dynol. Ar y cyfan mae'n amlwg mai'r soprano a'r bariton yw hoff leisiau Verdi, ac mae ar ei orau'n cyfansoddi ar eu cyfer nhw; ond creodd nifer o gampweithiau i'r tenor hefyd, a bu Dennis yn ddigon lwcus i ganu'r rhan fwyaf ohonynt.

Yn nyddiau cynnar ei yrfa bu rhan Dug Mantua yn yr opera *Rigoletto* yn un bwysig iawn iddo. Doedd hi erioed yn rhan hawdd iddo ei chanu, gan fod amrediad cyffredinol y nodau mor uchel. Mae'r cyhoedd yn dueddol o feddwl amdani yn nhermau nodyn olaf yr aria *La donna è mobile*, ond mae cywair y rhan drwyddi draw, mewn gwirionedd, yn anodd o uchel. Un o nodweddion pwysicaf y Dug i Dennis yw'r elfen aristocrataidd sydd wedi ei gwau yn gelfydd i mewn i'r gerddoriaeth; beth bynnag arall wnewch chi â'r cynhyrchiad neu'r dehongliad, boed yn draddodiadol neu'n gyfoes ei naws, mae'n rhaid amlygu ansawdd soffistigedig cerddoriaeth y Dug. Bu Dennis ar un adeg yn canu'r rhan yn y Met, gan rannu'r perfformiadau gyda Luciano Pavarotti. Er bod ansawdd ei lais yn fendigedig, wrth gwrs, teimlai Dennis bod Pavarotti'n canu'r rhan braidd yn unlliw ac undonog. Y perfformiad byw gorau iddo erioed ei glywed o'r Dug oedd un Alfredo Kraus – dehongliad oedd yn lleisiol urddasol a gosgeiddig.

Bu cynhyrchiad Cwmni Opera Cenedlaethol Cymru o *Rigoletto* yn 1985, gan Lucian Pintilie, yn waradwyddus o ddadleuol, ac roedd yr hyn y gofynnwyd i Dennis ei wneud fel y Dug yn ganolog i'r holl ffws a ffwdan a fu yn y wasg ar ôl i'r adolygwyr weld delweddau trawiadol y cynhyrchiad hwnnw. Roedd llys y Dug yn gwbl ddirywiedig ac yn llawn cymeriadau afluniaidd, gan gynnwys dynion wedi eu gwisgo fel merched, ac roedd nifer ohonynt yn edrych yn debyg i Dracula. O'i gymharu â'r hyn sy'n gyffredin ym myd yr opera heddiw, roedd y cynhyrchiad yn weddol ddiniwed, ond ar y pryd roedd yn eithaf chwyldroadol.

Gofynnwyd i Dennis chwarae'r Dug fel oferwr llwyr, ac fe wnaeth hynny gydag arddeliad, yn ogystal â chanu'n wych a gosgeiddig. Ond ar ddechrau'r ail act mae golygfa sy'n cynnwys *Ella mi fu rapita* (Mae wedi ei dwyn oddi arnaf) a *Parmi veder le lagrime* (Bron na fedraf weld ei dagrau), sy'n gythreulig o anodd yn dechnegol. Bu'n rhaid i Dennis eu perfformio yn ei drôns, gan bedlo beic ymarfer ar yr un pryd! Roedd cloc mesur cyflymdra ar gefn y beic, ond fe fyddai bysedd y cloc yn symud, nid gan gyflymdra'r pedlo, ond wrth i Dennis ganu nodau uwch na'i gilydd, ac fe fyddai gweithwyr tu cefn i'r llwyfan yn symud y dwylo i fyny ac i lawr fel bo'r galw, ac yn gwneud i'r cloc dwangio'n uchel wrth i Dennis ganu'r nodau uchaf oll!

Un o elfennau rhyfeddol arall y cynhyrchiad oedd y tunelli o lo a syrthiai drwy'r ffenest i'r llwyfan yn yr act olaf. Hyd heddiw, er gofyn i nifer o bobl fu'n gysylltiedig â'r cynhyrchiad, does gen i ddim syniad o gwbl beth oedd arwyddocâd y glo; mae Dennis o'r farn nad oedd yn symbol o unrhyw beth penodol beth bynnag, ac nad oedd yn ddim byd mwy nag un o syniadau 'creadigol' Pintilie. Roedd Dennis yn hoff iawn o Pintilie ac yn edmygydd o'i waith yn gyffredinol, ond fe fu cyfnod ymarfer y cynhyrchiad hwnnw o *Rigoletto* yn dipyn o hunllef.

Pan welodd yr arweinydd, Richard Armstrong, rai o elfennau mwyaf eithafol y cynhyrchiad, mynnodd bod nifer ohonynt yn cael eu diddymu. Gwrthododd Pintilie wneud hynny, ac o ganlyniad penderfynodd Richard Armstrong gadw draw o'r ymarferiadau. Penderfynodd Pintilie yntau hefyd gadw draw, a'i gynorthwy-ydd fyddai'n cynnal y rihyrsals chwe diwrnod yr wythnos. O bryd i'w gilydd fe fyddai Pintilie yn ffonio Dennis gydag ambell syniad neu gyfarwyddyd ac felly, am gyfnod, Dennis oedd yr unig ddolen gyswllt rhwng pawb. Dychwelodd Pintilie at ei waith yn y pen draw, wrth gwrs, ond yn y cyfamser roedd Dennis wedi ychwanegu un o'i syniadau ei hun at y cynhyrchiad. Wrth chwarae o gwmpas rhyw ddiwrnod yn yr ymarferiadau, ac i danlinellu newid cywair o fewn y gerddoriaeth, fe roddodd Dennis gelpen go iawn i'r bêl ddyrnu (*punch ball*) a oedd hefyd yn rhan o'r set yn yr ail olygfa. Roedd Pintilie wrth ei fodd gyda'r syniad, ond roedd Richard Armstrong, oedd hefyd yn Rheolwr Cerddorol Cwmni Opera Cymru ar y pryd, yn casáu'r symudiad ac, yn naturiol, fe gafodd ei ffordd yn y pen draw.

Yn rhyfeddol, fe fu'r cynhyrchiad a'r perfformiad cerddorol yn llwyddiant mawr i'r Cwmni. Defnyddiwyd lluniau o Dennis yn ei drôns ac ar gefn y beic, ar y posteri hysbysebu – roedd e'n dal yn ddigon lluniaidd bryd hynny! Ac yntau bellach wedi ei sefydlu ei hun yn un o brif gantorion ei gyfnod, go brin y byddai Dennis yn fodlon dilyn cyfarwyddiadau mor rhyfedd heddiw!

Dros y blynyddoedd mae Dennis wedi syrffedu ar weld cynyrchiadau sy'n dweud mwy am y cynhyrchydd nag am yr opera a syniadau gwreiddiol y cyfansoddwr. Mae'n ymwybodol ei bod hi'n anodd deall rhai o syniadau'r cyfarwyddwyr cyfoes, ac mae'n cydymdeimlo â chynulleidfa sy'n gorfod ceisio dehongli arwyddocâd delweddau a symbolau cymhleth, sydd weithiau heb sail na sylwedd beth bynnag. 'Wrth ddarllen llyfr mae'n bosibl mynd yn ôl ac ail ddarllen unrhyw bennod sy'n anodd gwneud synnwyr ohoni,' meddai Dennis, 'ond mae edrych yn ôl a dadansoddi yn y theatr yn amhosibl, ac o geisio gwneud, fe all cynulleidfa'n aml golli rhediad yr opera, a fyddan nhw ddim chwaith yn medru canolbwyntio'n llwyr ar y canu a'r gerddoriaeth. Dydyn nhw ddim wedi mynd i'r opera er mwyn datrys croeseiriau nac unrhyw fath arall o bos, chwaith!' Chwarae teg i Dennis, mae'n fodlon iawn arbrofi, ond 'mae'n rhaid i'r syniadau weithio – a gweithio gydol yr opera, nid mewn tameidiau; mae'n rhaid i'r syniadau fod yn ffyddlon i amcanion gwreiddiol y cyfansoddwr hefyd, ac yn help i daflu goleuni ar yr amcanion hynny.'

Mae Dennis yn methu deall pam nad yw rheolwyr rhai o'r cwmnïau opera yn gwrthod derbyn y syniadau a'r cynyrchiadau mwyaf eithafol. Un o'r enghreifftiau y bydd Dennis yn eu dyfynnu yw cynhyrchiad Cwmni Opera Cenedlaethol Cymru o *Die Fledermaus* – opera ysgafn, ddoniol, soffistigedig, fel arfer, ond a drawsnewidiwyd yn y cynhyrchiad hwnnw gan gynifer o ddelweddau maswedd, fel y bu'n rhaid dodi arwydd yng nghyntedd y theatrau i rybuddio cynulleidfaoedd nad oedd y cynhyrchiad yn addas i blant dan un ar bymtheg oed!

*   *   *

Rhan arall a fu'n ganolog yng ngyrfa Dennis yw Alfredo yn *La Traviata*. Dyma'r rhan gyntaf iddo ei chanu i Gwmni Opera Cenedlaethol Cymru ac, fel mae'n digwydd hefyd, dyma'r rhan iddo ei chanu ar ei ymrwymiad cyntaf dramor, a hynny yn Hambwrg. Dros y blynyddoedd cafodd gyfle i'w hastudio'n fanwl, ac mae'n sicr yn ei feddwl mai'r gyfrinach yw dilyn yr holl gyfarwyddiadau cerddorol y mae Verdi wedi eu cynnwys yn y sgôr; does yr un ohonyn nhw yno ar hap a damwain. Mae Dennis yn tybio bod canu dipyn yn haws nag actio yn y theatr, oherwydd 'bod popeth sy'n rhaid i ganwr ei wneud yno ar bapur; mae'r nodau a'r alaw wedi eu gosod ymlaen llaw ac yn ddigyfnewid, a does dim rhyddid i fentro y tu hwnt i'r canllawiau hynny. Ond, o gadw atynt, mae canwr o athrylith yn medru gosod ei stamp ei hun ar y cymeriad.'

Mae hynny'n wir am bob cymeriad, wrth gwrs, ond mae'n arbennig o bwysig gydag Alfredo, oherwydd yn y bôn mae e braidd yn llariaidd, ac mae'n demtasiwn bloeddio'r nodau er mwyn cyfleu angerdd y cymeriad. Ond mae cyfleoedd mewn dwy olygfa'n arbennig i gyfleu ochr liwgar Alfredo – y parti ar ddechrau'r opera ble mae'n datgan ei gariad at Violetta am y tro cyntaf, a'r parti yn yr ail act ble mae'n ei chyhuddo o fod yn anffyddlon iddo. Roedd Dennis yn edmygydd mawr o Suzanne Murphy yn chwarae Violetta, a phrin y gwelodd e neb dros y blynyddoedd yn paratoi mor drylwyr â hi. Roedd ei thalent theatrig fel actores, yn ogystal â'i chanu teimladwy, yn ei gwneud yn un o'r Violettas mwyaf cofiadwy iddo erioed eu gweld a'u clywed mewn blynyddoedd lawer o ganu rhan Alfredo.

Mor wahanol fu ei brofiad yn ddiweddarach wrth ganu'r rhan gydag un o sopranos enwocaf y byd. Dwi'n meddwl ei bod hi wedi sylweddoli bod Dennis yn dipyn o gystadleuaeth leisiol iddi. Yn ôl y sôn ar y pryd, mae'n debyg ei bod hi'n ffansïo rhyw denor enwog arall, ac efallai bod gan hynny rywbeth i'w wneud â'r peth. Sut bynnag, fe wnaeth ei gorau glas i greu cymaint o broblemau ag y medrai i Dennis. Yn ystod rhialtwch y parti agoriadol yn yr act gyntaf, ac wrth ganu'r enwog *Libiam*, fe daflodd y soprano wydraid mawr o win coch dros ei grys gwyn, gan ymddiheuro wedyn bod 'ei llaw wedi llithro'. Gydol y perfformiad fe fyddai'n symud yn gyson a heb reswm i flaen y llwyfan tra oedd Dennis yn canu, er mwyn tynnu sylw ati hi ei hun, ac yn yr act olaf wrth i'r ddau gyd-ganu ar y soffa, fe fyddai'n ei gofleidio mor dynn nes bron ei dagu, ac fe fyddai'n gwthio'r clustogau i geg Dennis ac yntau'n gwneud ei orau i ganu.

Mae ambell soprano yn haeddu cael ei galw'n *prima donna*,

a hynny yn ystyr gwaethaf y disgrifiad. Mae'r rhan fwyaf o gyd-gantorion Dennis yn bobl glên a charedig, ond nawr ac yn y man mae ambell un yn medru bod yn eithaf gnawes, neu'n dipyn o ddiawl di-hid.

*   *   *

Wrth i Dennis ddechrau canu *repertoire* oedd yn drymach ac yn fwy dramatig, fe fu dau arweinydd yn ganolog yn ei lwyddiant. Yr Eidalwr, Guiseppe Sinopoli, oedd un ohonyn nhw. Clywodd e Dennis yn canu yn Llundain, ac o ganlyniad gwnaeth bopeth yn ei allu i sicrhau bod Dennis yn cael cyfle i'w sefydlu ei hunan yn y *repertoire* newydd. Dyn hynaws iawn oedd Sinopoli, mae'n debyg, ond yn ecsentrig ymhob agwedd o'i fywyd; roedd ei ymddangosiad yn eitha rhyfedd, gyda'i sbectol a'i farf a'i wallt trwchus cyrliog, a'i wisgoedd lliwgar, gwreiddiol. Roedd e hyd yn oed yn siarad mewn dull cwbl unigryw. Arferai gau ei lygaid yn dynn wrth arwain, ac roedd ei *tempi* (amseriadau cerddorol) hefyd yn ecsentrig yn ôl rhai; fe fyddai'n aml yn anodd i gantorion ddilyn ei guriad oherwydd ei fod yn defnyddio'r baton bron fel gweillen wau. Ond roedd ganddo'r gallu i wneud i gerddoriaeth hynod adnabyddus swnio'n ffres a gwahanol, ac yn llawn egni.

Yn sicr roedd yn gredwr mawr yn nhalentau Dennis, a Sinopoli a sicrhaodd y cyfle cyntaf iddo ganu *Il Trovatore* yn Munich, un o ganolfannau pwysicaf y byd opera. Bu'r ddinas yn ail gartref bron i Dennis am flynyddoedd, oherwydd ei fod yn gymaint o ffefryn yno, ac i Sinopoli mae'r diolch am hynny. Gyda llaw, mae un o'r perfformiadau hynny o *Il Trovatore* yn Munich, gyda Dennis yn canu rhan y Trwbadŵr a Sinopoli'n arwain, ar gael ar gryno-ddisg. Mae'n siŵr y byddent wedi cydweithio llawer mwy, ond yn anffodus fe fu Sinopoli farw'n sydyn o drawiad ar y galon ym mis Ebrill 2001, wrth arwain perfformiad o *Aida* yn Berlin.

Zubin Mehta oedd yr arweinydd arall a fu'n aruthrol bwysig yn 'ail' yrfa Dennis. Mae'n un o 'ffans' mawr Dennis, ac o'r holl arweinyddion talentog iddo gydweithio gyda nhw, dyma'r un, dwi'n meddwl, sy'n medru denu'r gorau allan ohono. Dyma sut mae Dennis yn disgrifio Zubin Mehta:

Dyn caredig iawn; gŵr bonheddig i'r carn, sydd hefyd yn syfrdanol o wybodus ynglŷn ag opera a cherddoriaeth gerddorfaol. Ond mae'n ddyn diymhongar iawn hefyd, sy'n medru ac yn fodlon defnyddio'r wybodaeth ryfeddol sydd ganddo i helpu pob artist sy'n cydweithio gydag e. Does dim mymryn o hunanoldeb artistig yn perthyn iddo, ac nid gwthio syniadau ei hunan ar bawb arall yw ei nod, ond yn hytrach mae'n awyddus i ddeall sut y gall sicrhau bod pob perfformiwr yn cael y cyfle gorau posibl i arddangos y dalent arbennig sydd ganddo. Serch hynny, fydd e byth yn gwastraffu ei amser ar unrhyw ganwr neu berfformiwr nad yw'n cyrraedd y safon.

Yn ei fywyd personol mae Mehta yn hoff iawn o chwaraeon, ac yn ddilynwr criced heb ei ail. Ble bynnag yn y byd y bydd e'n arwain, mae'n sicrhau bod lloeren deledu ar gael i'w alluogi i wylio unrhyw gêm griced y bydd ei famwlad, India, yn ei chwarae. Mae storïau chwedlonol amdano'n arwain ymarferion gyda set deledu fach wrth ei ochr, rhag colli'r un belawd!

Ond nid pob arweinydd sydd mor gefnogol a galluog â Sinopoli a Mehta. Dros y blynyddoedd mae Dennis wedi cydweithio gyda nifer o arweinyddion sy'n uchel eu cloch ond heb fawr o sylwedd iddynt mewn gwirionedd. Mae Dennis yn cofio un glaslanc a oedd yn arwain *Rigoletto* am y tro cyntaf yn ei yrfa, yn galw ymarfer 'er mwyn trafod ei syniadau chwyldroadol ynglŷn â'r opera'. Roedd y cyw arweinydd yn argyhoeddedig nad oedd neb erioed wedi gwneud cyfiawnder â'r opera cyn hynny, ond roedd e'n benderfynol o sicrhau y byddai ei ddehongliad ef yn gwireddu holl ddymuniadau gwreiddiol Verdi. Roedd y cantorion i gyd yn eiddgar i glywed am y syniadau hyn; yn anffodus maen nhw'n dal i ddisgwyl, oherwydd cyffredin iawn fu'r dehongliad, ac fe ddiflannodd seren yr arweinydd ymffrostgar o'r ffurfafen operatig yn fuan ar ôl hynny.

Mae rhai arweinyddion hefyd, mae'n debyg, dan bwysau perfformiad byw, yn aml yn anghofio cryn dipyn o'r manylion cerddorol y cytunwyd arnynt yn ystod yr ymarferion. Efallai eu bod nhw wedi addo rhoi ciw a churiad pendant mewn man arbennig, neu wedi cytuno i roi mwy o amser i'r canwr anadlu ar ôl cymal cymhleth, ond yng nghyffro'r perfformiad fe all yr arweinyddion llai sicr eu dawn anghofio am y trefniadau hynny, a gadael i'r cantorion druain stryffaglio ymlaen ar eu pennau eu hunain. Mae Mehta yn cofio popeth, ac oherwydd ei fod wedi dysgu'r gerddoriaeth yn gwbl drwyadl, ac yn adnabod ei gantorion mor dda, mae'n medru synhwyro'n syth ynghanol perfformiad os nad ydynt yn canu ar eu gorau, ac felly bod angen iddo gwtogi rhywfaint ar hyd y nodau uchaf, neu weithiau, os bydd popeth yn mynd yn hwylus, gall gynnal y nodau'n hirach na'r arfer, heb achosi problemau i'r cantorion.

Dyna'r math o ddeallusrwydd a chefnogaeth gerddorol a fu mor bwysig i Dennis wrth ganu a meistroli rhannau megis Manrico (y Trwbadŵr) yn *Il Trovatore*. Yn ddelfrydol mae angen llais mymryn yn fwy na llais Dennis i ganu'r rhan, ond pan fydd Mehta wrth y llyw, gall ei reolaeth greu cydbwysedd perffaith rhwng y gerddorfa a'r llwyfan, gan ganiatáu i Dennis arddangos ei ddoniau rhyfeddol fel canwr. Mae Mehta yn sicrhau na fydd Dennis fyth yn cael ei foddi gan y gerddorfa, ac felly gall swnio'n arwrol pan fo angen, ac yn delynegol yn ôl y galw. Nifer fechan iawn o denoriaid sy'n medru cyfuno'r doniau a'r nodweddion lleisiol hyn.

Roedd 'na un rheswm arall am lwyddiant ysgubol Dennis yn y Staatsoper yn Munich – sef y soprano o Rwmania, Julia Varady. Hi oedd brenhines ac arwres y byd operatig yn Munich, a heb sêl ei bendith hi ni fyddai Dennis erioed wedi ennill cefnogaeth lwyr y cynulleidfaoedd yno. Roedd hi'n gantores hynod dalentog ac yn artist sensitif llawn dychymyg, ond cafodd Dennis hi'n anodd i gydweithio â hi ar y cychwyn oherwydd ei bod yn medru bod yn bigog ac yn ychydig bach o *brima donna*. Ond yn fuan iawn, tyfodd Dennis yn edmygydd mawr ohoni fel cantores yn y *repertoire* Eidalaidd, ac fe fu eu partneriaeth leisiol yn dipyn o oes aur i'r Staatsoper. Ar ddiwedd un perfformiad o *Il Trovatore* fe gerddodd Dennis i'r llwyfan i gydnabod gwerthfawrogiad hynod wresog, ac yn sydyn fe gerddodd Varady ymlaen ato gan wenu, ei gusanu ar ei foch, a chodi ei fraich fel petai wedi ennill gornest baffio; dyna oedd ei chydnabyddiaeth gyhoeddus hi o ddoniau Dennis O'Neill. Roedd e'n dipyn o ffefryn yn Munich beth bynnag, ond o'r noson honno ymlaen, fe oedd tywysog y tenoriaid yn y ddinas.

Mae cael cefnogaeth cynulleidfa'n arbennig o bwysig, wrth gwrs, ac yn yr hen ddyddiau fe fyddai'n arferol i ganwr dalu i'r *Claque* (clapwyr tâl) fel y'u gelwid, er mwyn sicrhau hwrê ac *encore* – a sicrhau bod cantorion eraill yn cael eu bwio! Mae'r *Claque* yn deillio'n wreiddiol o ddyddiau'r ymherodr Nero, a fyddai'n aml yn talu i ddynion ifanc gymeradwyo ei berfformiadau theatrig, ond yn Ffrainc yn ystod ugeiniau'r bedwaredd ganrif ar bymtheg y cychwynnodd yr arfer ym myd yr opera. Ymledodd yn gyflym, gan gyrraedd Covent Garden ar ddiwedd y bedwaredd ganrif ar bymtheg, a chyrraedd y Met yn Efrog Newydd rai blynyddoedd yn ddiweddarach. Roedd yn berygl bywyd i ganwr wrthod talu am gefnogaeth aelodau'r clapwyr tâl, oherwydd fe fydden nhw'n debygol wedyn o fwio'r sawl oedd wedi gwrthod eu cefnogaeth.

Cafodd y *Claque* ddylanwad mawr yn yr Eidal, ac ar un adeg roedd tri deg o bobl, gan gynnwys myfyrwyr ac athrawon a hyd yn oed ddau farbwr, yn perthyn i'r clapwyr tâl yn La Scala. Yno, cafwyd gwrthdaro ffyrnig ryw noson rhwng cefnogwyr cyflogedig Maria Callas a chefnogwyr soprano arall yn y Cwmni; bu'n rhaid galw'r heddlu, a chludwyd dau o'r ymladdwyr i'r ysbyty! Mae traddodiad a dylanwad y *Claque* yn dal i fodoli mewn rhai mannau yn yr

Eidal, ac mae aelodaeth o'r grŵp yn cael ei drosglwyddo o un genhedlaeth i'r llall. Cofiwch chi, mae ambell ganwr yn fodlon credu bod unrhyw feirniadaeth o'i berfformiad yn brawf pendant bod rhywun, yn rhywle, wedi talu am y feirniadaeth a'r sarhad hwnnw. Fe wn i am un soprano enwog sy'n argyhoeddedig fod 'na unigolyn sy'n teithio'r byd er mwyn bwio pob perfformiad y mae hi'n ymddangos ynddo! Nid yw Dennis erioed wedi gorfod talu neb am ei gymeradwyo, ac nid yw erioed wedi gofyn i mi, fel ffrind, am unrhyw gefnogaeth bersonol fel clacwr!

*   *   *

Mae tri chymeriad arall wedi bod yn ganolog yn *repertoire* Dennis, ac mae ganddo atgofion cymysg am ganu'r rhannau hynny.

Er bod Dennis wedi chwarae Radames yn yr opera *Aida* mewn nifer fawr o gynyrchiadau ar draws y byd, nid yw'n arbennig o hoff o'r cymeriad. Mae'n rhaid canu unig aria'r tenor, *Celeste Aida* (Nefolaidd Aida), reit ar ddechrau'r opera. Mae hi'n aria anodd ei chanu, ac mae Verdi'n gofyn yr amhosibl, bron, ar y nodyn olaf, wrth wneud i'r tenor ganu'r B fflat mewn *pianissimo* sydd hefyd yn 'graddol ddiflannu' (*morendo*). Hyd yn oed os bydd y tenor yn llwyddo i ganu'r nodyn yn ôl gofynion Verdi, mae perygl y gall y gynulleidfa deimlo ei bod wedi ei thwyllo, gan gredu bod y tenor yn methu canu'r nodyn gyda llais llawn, fel sydd bellach yn gyffredin. Mae angen stamina i ganu rhan Radames, gan fod y cymeriad, ar ôl canu deuawdau a thriawdau niferus, yn gorffen yr opera gyda deuawd sydd, er ei bod yn rhyfeddol o swynol, yn dipyn o brawf lleisiol ar ôl oriau o ganu. Unwaith yn rhagor, Dennis yw un o'r ychydig denoriaid sy'n medru canu nodau uchaf *O terra, addio* (O ddaear, ffarwél) yn gyfareddol o ddistaw.

Mae cynhyrchiad yr Arena yn Verona o *Aida* yn enwog am ei fod yn defnyddio camelod, ceffylau ac ambell eliffant hefyd. Bu Dennis yn rhan o gynhyrchiad teithiol y cwmni yn yr Almaen, ac yno, mewn stadiwm pêl-droed enfawr, cafodd ei brofiad cyntaf o gydweithio gydag eliffantod. Oherwydd rheolau iechyd a diogelwch yn ymwneud ag anifeiliaid, doedd hi ddim yn bosibl ymarfer gyda nhw, ac felly y tro cyntaf i'r cast gyfarfod â'r eliffantod oedd ar y llwyfan yn ystod y perfformiad. Roedd 'na dri ohonyn nhw, gan gynnwys un oedd dipyn yn fwy na'r ddau arall. Ar ganiad yr utgyrn yn y dathliadau buddugoliaethus yn yr ail act, fe safodd y cawr o greadur yn stond ar y llwyfan; trodd at y gynulleidfa gan agor ei geg a chodi'i drwnc i ymuno yn y trwmpedu am hydoedd. Fe wnaeth yr eliffant yn union yr un fath ymhob un o'r perfformiadau, a doedd dim modd ei symud nes iddo orffen ei 'aria'.

Cafodd Dennis y pleser o gyfarfod â'r cawr oddi ar y llwyfan hefyd, a chamgymeriad dybryd fu hynny. Wrth adael yr ystafell wisgo ar ddechrau'r ail act, fe aeth Dennis ac Ellen ar goll wrth wneud eu ffordd i gyfeiriad y llwyfan. Yn fuan iawn sylweddolodd y ddau eu bod yn cerdded ar hyd y coridor y byddai'r eliffantod yn ei ddefnyddio i gyrraedd y llwyfan, ac er mawr ddychryn iddyn nhw, gwelsant y tri eliffant yn cerdded y tu ôl iddyn nhw, gyda'r cawr mawr ar y blaen. Roedd pwy bynnag oedd yn eu rheoli yn cerdded y tu ôl i'r eliffantod, ac felly'n methu gweld y perygl yr oedd Dennis ac Ellen ynddo. Er ceisio dianc, fe gornelwyd y ddau yn y pen pellaf rhwng coesau blaen enfawr yr eliffant. Roedd hwnnw wedi dychryn rhywfaint o weld y ddau'n tresmasu yn ei diriogaeth, ac mae Dennis hyd heddiw'n cofio edrych i fyw llygad y creadur, a hwnnw'n edrych fel petai'n gofyn yn grac, 'Pwy wyt ti, a beth wyt ti'n neud fan hyn?' Wrth lwc, fe gadwodd yr eliffant ei dymer, neu fe fyddai Dennis ac Ellen wedi bod yn y penawdau am resymau cwbl annisgwyl.

Cafodd Dennis brofiad lletchwith yn ystod cynhyrchiad arall o *Aida*. Yn ail act yr opera mae Radames, cadfridog byddinoedd yr Aifft, yn dychwelyd yn fuddugoliaethus o'r rhyfeloedd yn erbyn yr Ethiopiaid. Mae Verdi wedi cyfansoddi ymdeithgan fendigedig, nad oes ei gwell ym myd opera, yn gyfeiliant i'r olygfa. Yn y cynhyrchiad arbennig hwnnw, roedd yn rhaid i Dennis sefyll yn urddasol ac arwrol ar ben platfform pren a gludwyd i'r llwyfan ar ysgwyddau chwech o filwyr tal, cyhyrog. Er mwyn ei alluogi i gamu i lawr a sefyll o flaen y Pharo i dderbyn ei ddiolchiadau am waredu'r Aifft rhag ei gelynion, roedd grisiau symudol wedi eu cynllunio'n gelfydd i hwyluso disgynfa Radames o'r platfform. Wrth gwrs, ar y noson gyntaf, fe anghofiodd rhywun am y grisiau, ac fe fu'n rhaid i'r 'corrach bach' neidio mor gelfydd ag y medrai o uchder o ryw chwe throedfedd a hanner. Mae Dennis yn ganwr heb ei ail, ond nid yw'n fawr o neidiwr!

Mae clywed y fath storïau yn swnio'n reit ddoniol, ond y gwir yw y gallai cantorion gael eu brifo'n gas yn eu hymdrechion i'n diddanu ni. Dyna'n union ddigwyddodd yn Covent Garden rai blynyddoedd yn ôl wrth baratoi am berfformiad o *Don Carlo* gan Verdi. Trawyd gweithiwr llwyfan gan rywbeth a ddihangodd o un o'r peiriannau mecanyddol uwchben, ac fe'i lladdwyd. Roedd Dennis ymhlith y rhai a aeth ati i godi arian i gynorthwyo'r teulu. Mae'r stori honno'n peri i ni oedi am eiliad, a sylweddoli bod byd yr opera a pherfformio yn gallu bod yn llawn peryglon annisgwyl.

*   *   *

Mae chwarae Canio yn yr opera *Pagliacci* wedi rhoi pleser mawr i Dennis, ac mae'n ei chyfrif yn gymaint o brawf actio ag yw hi o brawf lleisiol. Mae e bob amser yn pwysleisio na all canwr opera fyth fforddio uniaethu ei hun gyda'r cymeriad mae'n ei chwarae yn yr un modd ag y mae'n rhaid i actiwr theatr ei wneud. Mae'r gerddoriaeth sydd gan Canio i'w chanu wrth iddo wylltio mewn paranoia yn ymylu ar siarad, neu weiddi ar brydiau, ond wiw i Dennis ymgolli'n ormodol a cheisio cyfleu'r emosiynau yn gwbl realistig, neu fe allai dagu oherwydd y tensiynau corfforol mae'r emosiynau'n eu creu. Byddai'n hawdd wedyn iddo golli ei lais neu grwydro oddi ar y nodyn. Mae hyd yn oed y chwerthin sy'n dod ar ddechrau'r aria enwog, *Vesti la giubba e la faccia infarina* (Gwisg dy ddillad, y powdwr a'r colur) yn chwerthiniad sy'n gyfuniad o siarad a chanu, ac mae'n hawdd gwneud iddo swnio'n ffug a gor-ddramatig.

Rai blynyddoedd yn ôl, fe glywodd Jason Howard, y bariton o Ferthyr, y tenor Ben Heppner – un o arch-sêr y byd operatig – yn canu rhan Canio mewn cynhyrchiad yn Toronto. Mae Jason yn cofio i Heppner ganu'r aria yn broffesiynol ac yn gaboledig, ond ni chafodd ei gyffroi gan y dehongliad. Rai misoedd yn ddiweddarach, ac yntau'n cydganu gyda Dennis yng nghynyhrchiad Cwmni Opera Cenedlaethol Cymru o *Pagliacci*, eisteddodd Jason yn y gynulleidfa yn ystod yr ymarferion i wrando ar Dennis yn canu *Vesti la giubba*. Mae'n cyfaddef iddo grio wrth deimlo grym yr emosiwn a wasgai Dennis o'r gerddoriaeth. Un o'i gyfrinachau mawr, yn nhyb Jason, yw 'ei allu cynhenid i gyffwrdd â chalonnau ei gynulleidfa, ac mae ei onestrwydd a'i ddidwylledd fel person yn nodweddion sy'n cael eu hamlygu yn y llais a'r canu.'

Mae Dennis yn arbennig o hoff o gynhyrchiad Cwmni Opera Cenedlaethol Cymru o *Pagliacci*. Braf iawn hefyd oedd chwarae Canio yn Covent Garden gyda neb llai na Plácido Domingo'n arwain. Ond mae rhai o'r cynyrchiadau eraill y cymerodd ran ynddynt wedi ei wylltio'n llwyr. Yn yr Almaen, er enghraifft, am ba reswm bynnag, roedd y cynhyrchiad cyfan – y cefndir, y gwisgoedd y setiau a'r celfi – i gyd yn goch. Yn Amsterdam, roedd y cynhyrchydd wedi chwarae gyda'r syniad gwirion bod *Cavalleria Rusticana* a *Pagliacci* rywsut yn perthyn i'w gilydd, a'u bod mewn gwirionedd yn un cyfanwaith. Roedd cymeriadau *Pagliacci* yn ymddangos yn ystod *Cavalleria Rusticana*; roedd y gynulleidfa wedi ei drysu'n llwyr. Er bod y cynyrchiadau hyn braidd yn siomedig, roedd canu Dennis yn y perfformiadau a welais i yn gyson ddramatig.

*　　　*　　　*

Pe bai unrhyw un wedi sôn wrth Dennis bymtheng mlynedd ar hugain yn ôl y byddai ef, o bawb, ryw ddydd, gyda'i lais telynegol melys, yn canu rhan Otello yn y canolfannau operatig pwysicaf, fe fyddai wedi chwerthin am ei ben. Mae'n anodd esbonio'n union pam mai Otello yw un o'r rhannau anoddaf oll i'r tenor Eidalaidd. Oes, mae angen nodyn C uchaf, ond dim ond un o'r gofynion di-rif yw hynny. I ddechrau, mae'n rhan anhygoel o hir, ac mae 'na dalpiau mawr o gerddoriaeth gan y tenor i'w dysgu a'u canu. Mae'r offeryniaeth yn drwm a dramatig drwyddi draw, ac mae angen stamina a phŵer lleisiol arbennig i fedru cyfleu dinistr cymeriad arwrol Otello ond, ar brydiau, mae angen sensitifrwydd telynegol torcalonnus hefyd.

Shakespeare oedd duw mawr Verdi, am mai ef oedd 'bardd mwyaf y galon ddynol', ac mae Verdi a'i libretydd, Arrigo Boito, wedi llwyddo i gadw hygrededd emosiynol y ddrama wreiddiol yn yr addasiad operatig. O reidrwydd maen nhw wedi gorfod cywasgu rhai o'r golygfeydd, ac oherwydd hynny mae dirywiad cymeriad Otello wrth iddo gael ei ddifa gan eiddigedd, yn gorfod cymryd tipyn llai o amser nag yn y gwreiddiol. Mae'n anodd felly i'r canwr wneud synnwyr dramatig, credadwy o'r prif gymeriad, ac mae angen cryn dalent theatrig rhag i'r opera ddirywio'n ddim byd mwy na melodrama dda, yn hytrach na'r drasiedi ddychrynllyd ac ysgytwol a greodd Shakespeare. Mae actio Otello yn y ddrama wreiddiol yn dipyn o gamp, ond mae'n anoddach fyth dehongli'r rhan yn yr opera.

Mae Dennis yn pryderu weithiau nad oes modd iddo gyfleu nodweddion corfforol arwrol Otello, ond mae'r colur negroaidd a'r wisg briodol yn gallu ei drawsnewid yn

101

rhyfelwr nerthol ac egnïol yr olwg. Yn bwysicach na hynny, mae Dennis yn medru actio gyda'i lais, a mynd â ni at graidd y cymeriad, ac at yr anobaith a'r poen arteithiol sydd yn ei galon. Mae cerddoriaeth Verdi yn arddangos dealltwriaeth eangfrydig a thosturi anorchfygol tuag at y ddynoliaeth, ac efallai mai un o dalentau mwyaf Dennis yw ei fod yn medru cyflwyno'r teimladau hynny'n glir a diffuant i'w gynulleidfa.

Mae Dennis wedi chwarae Otello yn Covent Garden, yn Hambwrg, yn Sbaen ac ym Mrasil. Pam, o pam, nad yw Cwmni Opera Cenedlaethol Cymru wedi rhoi'r cyfle iddo ganu'r rhan yn ei famwlad?

*   *   *

Mae cantorion operâu eu hunain yn gymeriadau mawr a lliwgar; mae rhai, yn llythrennol, yn fawr o gorff – fel cewri, bron. Mae Dennis yn cofio canu rhan Don Carlo, y brif ran yn yr opera o'r un enw gan Verdi, mewn cynhyrchiad yn Long Beach, California. Roedd yr ystafelloedd gwisgo'n ddwfn ym mherfeddion y ddaear, ac felly roedd yn rhaid i'r cantorion fynd i'r llwyfan mewn lifft. Chwaraewyd rhannau'r Brenin Philip yr Ail a'r Uchel Chwilyswr (*Grand Inquisitor*) yn y cynhyrchiad, gan ddau faswr mawr – yr Eidalwr Cesare Siepi a'r Americanwr Jerome Hines. Mae Dennis yn cofio gwasgu i'r lifft gyda'r ddau, un ohonynt yn chwe throedfedd pum modfedd a'r llall fymryn yn dalach! Roedd hynny yn ystod y cyfnod pan nad oedd Dennis wedi llwyr feistroli'r nodau uchaf, ac mae'n rhaid bod ei nerfusrwydd wedi amlygu ei hun i'r ddau arall, oherwydd yn sydyn dyma Jerome Hines yn siarad mewn llais mawr dwfn, soniarus, a oedd yn ddigon i fyddaru pawb yn y lifft fechan – '*Trust in the Lord!*' Gwahoddodd Dennis i'w ystafell yn nes ymlaen i weddïo 'ar i'r arglwydd fendithio'r perfformiad a sicrhau llwyddiant i'r cantorion oll'. Er bod y cynnig yn un caredig, roedd yn llawer gwell gan Dennis ymddiried yn yr hyn roedd Frederick Cox wedi gwneud ei orau i'w ddysgu iddo!

Cyfrifir Cesare Siepi yn un o'r dehonglwyr gorau fu erioed o ran y Brenin Philip, ac fe fu Dennis yn ddigon lwcus i gydganu gydag e nifer o weithiau. Mewn cynhyrchiad arall o *Don Carlo* mae Dennis yn cofio i'r cynhyrchydd benderfynu na fyddai'n defnyddio celfi nac unrhyw fanion eraill ar y llwyfan. Fel arfer byddai Siepi'n canu ei aria fawr ar ddechrau'r bedwaredd act, yn eistedd yn ei glogyn mawr ar ei orsedd, a'i law ar ei ffon, wrth iddo sylweddoli'n drist nad yw ei wraig yn ei garu mwyach. Pan ddwedwyd wrth Siepi beth oedd bwriad y cynhyrchydd, siglodd ei ben yn araf a dweud, 'Dim clogyn, dim gorsedd, dim ffon – dim perfformiad'. Fe gafodd bopeth, wrth gwrs, yn ôl ei ddymuniad ac, yn ôl ei arfer, gwefreiddiwyd y gynulleidfa gan berfformiad Cesare Siepi.

Mae'n debyg bod y tenor John Vickers, hefyd, yn hynod grefyddol. Mae Dennis yn cofio canu rhan Beppe, yr ail denor yn *Pagliacci*, yn Covent Garden ar ddechrau ei yrfa yno, pan oedd Vickers yn canu rhan Canio'r clown. Roedd llais Vickers yn un o'r rhai mwyaf i Dennis erioed ei glywed, ac roedd yn brofiad amheuthun gwrando ar ei ymroddiad llwyr, a gwylio'r gallu histrionig rhyfeddol oedd ganddo. Yn ystod yr ymarferion rhoddwyd amser rhydd i'r cantorion rhyw brynhawn, ac mae Dennis yn cofio i Vickers ofyn yn garedig iddo beth y bwriadai ei wneud yn ei amser sbâr. Yn gwbl ddiniwed soniodd Dennis ei fod yn mynd i'r sinema (i weld rhywbeth tebyg i *Moonraker* os yw'n cofio'n iawn), ac yn sydyn roedd Vickers yn erfyn arno i beidio mynd, ac iddo roi heibio'r fath oferedd pechadurus. Roedd Vickers yn gwbl ddidwyll ei ddaliadau a'i ffydd, ond eto medrai berfformio mewn operâu yn llawn lladd a godineb, poenydio a thrais, heb boeni o gwbl!

Oherwydd mai tenor yw ef ei hun, anaml y bydd Dennis yn cael y cyfle i gydweithio gyda'r tenoriaid enwocaf. Anaml iawn y mae angen dau brif denor yn yr un opera. Ni chafodd gyfle, felly, i gydganu gyda Stuart Burrows, ond dwi wedi clywed Dennis yn ei ganmol i'r cymylau droeon, gan ddatgan ei edmygedd mawr ohono – 'un o'r cantorion Mozartaidd gorau fu erioed'. Mae'n amau weithiau nad yw Cymru erioed wedi llwyr sylweddoli gymaint y mae'r byd cerddorol yn caru ac yn parchu Stuart.

Mae Dennis wedi ei lwyr drwytho yn hynt a helynt y tenoriaid Cymreig, a dwi wedi ei glywed sawl gwaith yn cyfeirio at lais godidog Gerald Davies, er enghraifft, ac yn sôn am arddull osgeiddig Kenneth Bowen a thrychineb marwolaeth gynnar Keith Erwin. Mae Dennis yn ymfalchïo hefyd yn llwyddiant ei gyd-Gymry, Ryland ac Arthur Davies, ac ymserchodd o'r cychwyn cyntaf yn llais 'hynod felys a thelynegol' David Lloyd.

Ond gyda'r sopranos a'r *mezzos* y bydd Dennis yn canu amlaf. Mae'n arbennig o hoff o'r Fonesig Margaret Price, ac mae wedi cydganu droeon gyda hi, mewn perfformiadau o *Un Ballo in Maschera* yn Covent Garden, ac mewn cyngherddau a pherfformiadau di-rif o'r *Offeren* gan Verdi. Mae'n cyfaddef ei fod yn sefyll drws nesaf iddi yn gegrwth yn aml, wrth wrando ar brydferthwch a pherffeithrwydd ei llais, ac mae'n cofio un perfformiad o'r *Offeren Fawr* yn C leiaf gan Mozart, pryd y syfrdanwyd pawb i'r fath raddau gan ddehongliad Margaret Price o'r aria *Incarnatus est*, nes iddynt fethu symud am rai eiliadau gan gyfaredd y fath berfformiad dilychwin.

Oddi ar y llwyfan mae'r fonesig 'yn llawn sbort a sbri, ac yn mwynhau bywyd gydag egni diflino'. Mae ganddi'r ddawn ddireidus i fedru dynwared cantorion eraill yn ddychrynllyd o dda, ac mae ei hiwmor yn aml yn ddrygionus dros ben. Bu Margaret Price yn byw yn Munich am flynyddoedd, ac fe'i gwnaed yn *Kammersängerin* gan y ddinas, sef un o anrhydeddau cerddorol mwyaf yr Almaen. Pan ganodd Dennis ran Gabriele Adorno yn yr opera *Simon Boccanegra* gan Verdi yno am y tro cyntaf, danfonodd Margaret Price gyfarchiad ffacs ato yn dymuno pob lwc (*Toi Toi* fydd cantorion yn ei ddefnyddio i ddymuno lwc dda i'w gilydd). Danfonodd y neges drwy beiriant ffacs preifat prif reolwr y Staatsoper yn Munich gan wybod, felly, y byddai'n rhaid i'r gwron hwnnw ddarllen y nodyn crafog cyn ei drosglwyddo i Dennis yn ei ystafell wisgo. Mae'r ffacs yn gorffen gyda'r geiriau hyn: '*I am sorry not to be there to support you tonight, but I love the piece too much to see it destroyed by a bunch of idiots in skirts. I shall listen to it on the Radio. I wish you all the best of luck – sock it to them baby; Toi, Toi Toi!*' Dyna, mae'n siŵr, yw beth yw dweud eich dweud, ond dyna hi, mae unrhyw beth yn bosibl pan ych chi'n Fonesig yr Ymherodraeth Brydeinig! Mae'r ffacs yn hongian ar wal y tŷ bach yng nghartref Dennis ac Ellen yng Nghaerdydd!

Mae'r Fonesig Gwyneth Jones, hefyd, yn gwmni da. Mae Ellen yn cofio ei charedigrwydd pan wahoddodd Gwyneth hi a Dennis i'r fflat dros dro oedd ganddi ym Munich, ac iddi goginio hwyaden wedi'i rhostio mewn mêl iddyn nhw, ynghyd â'r cyfwydydd traddodiadol i gyd – er bod y gegin oedd ganddi yno braidd yn elfennol a dweud y lleiaf. Cafwyd gwledd o fwyd y noson honno. Synnodd Ellen o weld bod gan Gwyneth Jones swyddfa gyfan yn y fflat – y teclynnau electronig diweddaraf, dau gyfrifiadur, dau beiriant argraffu, a'r cyfan wedi eu cysylltu â'i gilydd heb yr un wifren i'w gweld yn unman, a hynny i gyd er mai ond am fis yn unig y byddai'n aros yn y fflat. Ysgrifenyddes oedd Gwyneth Jones, wrth gwrs, yn ei dyddiau cynnar, ond mae'n syndod deall bod cynifer o gantorion operatig yn teithio o gwmpas y byd gyda'u cyfrifiaduron; mae'r teclynnau'n help i ladd amser yn ystod cyfnodau unig o ymarfer a pherfformio mewn dinasoedd dieithr – ac, wrth gwrs, i gadw mewn cysylltiad â theulu a ffrindiau trwy e-bost.

Ymhlith y cymeriadau lliwgar eraill y bu Dennis yn cydganu â nhw dros y blynyddoedd mae'r *prima donna* radlon, garedig, Montserrat Caballé. Ym marn Dennis, efallai mai hi oedd 'yr olaf un o wir gewri'r *bel canto*', ond er ei bod yn gantores chwedlonol, ni fyddai byth yn cymryd ei hun na'i galwedigaeth ormod o ddifrif – dyna pam y bodlonodd ganu *Barcelona* gyda Freddie Mercury, mae'n siŵr, a gwneud hynny gydag arddeliad! Byddai Montsy, fel y'i gelwid, bob amser yn gwenu, bob amser yn edrych mor dlos, â'i gwallt du fel y frân, a phob amser yn gwisgo gemau a thlysau. Mae'n dioddef o'r crydcymalau, yn anffodus, ac wedi rhoi'r gorau i ganu mewn operâu, bellach. Ond mae'n dal i berfformio mewn ambell gyngerdd mawreddog. Bob tro y byddai hi a Dennis yn cydganu, byddai'n pwyso'n drwm ar ei fraich a dweud mewn acen Sbaenaidd gref, 'Deneeth, Deneeth, rych chi'n garedig wrtha i bob amser.'

Disgrifiad Dennis o'r soprano o Fwlgaria, Ghena Dimitrova, yw ei bod 'wedi ei hadeiladu fel tanc, ac mae ganddi lais godidog, ffrwydrol a dramatig, hefyd'. Roedd hi'n hoff iawn o roi ei barn ar leisiau a doniau cantorion eraill, i'r fath raddau fel y byddai ganddi rywbeth i'w ddweud hyd yn oed wrth artist oedd â dim ond un llinell i'w chanu. Ar ddechrau ei yrfa mae Dennis yn cofio canu gyda Dimitrova am y tro cyntaf mewn perfformiad o *Macbeth* yn Covent Garden. Ar ddiwedd yr ymarferion cyntaf fe aeth Dennis am damaid o fwyd i'r ffreutur, ac yno daeth Dimitrova ar ei draws a dweud mewn llais oedd yn ddigon uchel i bawb gael clywed, 'Dwi'n hoff iawn o ansawdd y llais,' gan roi andros o ergyd ar gefn Dennis nes bod ei drwyn bron i mewn yn ei blataid bwyd. Dynes gref oedd Dimitrova ac roedd hithau, hefyd, yn un o'r cantorion hynny a fedrai foddi'r gerddorfa.

Llais soprano fel 'hufen a mêl' oedd y Fonesig Kiri te Kanawa, ac mae Dennis yn ei chyfrif yn ffrind da. Mae'r ddau wedi canu gyda'i gilydd mewn cynyrchiadau o'r operâu *Arabella* gan Richard Strauss, a *Die Fledermaus* gan Johann Srauss, gyda Domingo'n arwain – mae'r fideo a wnaed o'r cynhyrchiad hwnnw'n dal i werthu fel *hot cakes*. Mae Kiri te Kanawa hefyd yn hoff iawn o wahodd Dennis yn westai arbennig iddi yn y cyngherddau mawreddog y bydd yn canu ynddynt, ac maent wedi perfformio yn Versailles, Corc a Dulyn, a hefyd yn Hampton Court yn Llundain.

Wrth feddwl am yr holl gymeriadau lliwgar a dawnus y bu'n perfformio a chanu gyda nhw dros y blynyddoedd, mae Dennis yn aml yn dweud, 'Rwy'n berson lwcus iawn, oherwydd rwy'n treulio cryn dipyn o f'amser o fewn llathen neu ddwy i rai o gantorion gorau'r byd; mae fel bod yn y sedd orau yn y theatr, a minnau'n cael fy nhalu am fod yno!'

*   *   *

Byddaf wrth fy modd yn gwrando ar Dennis yn hel atgofion am y cymeriadau lliwgar hyn, ac mae ganddo un stori am yr arweinydd Syr John Pritchard (un arall fu'n edmygydd o'i lais) sydd yn gwneud i mi wenu bob tro rwy'n ei chlywed. Roedd gan Syr John bartner na fedrai fyth wrthod unrhyw fargen mewn siop neu archfarchnad; pa nwyddau bynnag fyddai wedi eu gostwng mewn pris, fe fyddai'n rhaid iddo eu prynu. Rhyw fore, roedd Syr John yn arwain ymarferion yn Covent Garden, ac yna yn y prynhawn roedd ganddo wahoddiad i fynd i Balas Buckingham i un o bartïon y Frenhines (roedd yn ymwelydd cyson â'r Palas). Yn ôl y drefn byddai ei bartner yn ei gyfarfod y tu allan i'r theatr yn y *Jag*, ac yn rhoi pàs iddo i'r palas. Felly, ar ôl gorffen yr ymarferion, newidiodd Syr John yn gyflym i'w siaced giniawa, ac aeth allan i gyfarfod â'i bartner a'r car. Pan gyrhaeddon nhw'r palas, bu'n rhaid iddynt aros ger y fynedfa er mwyn rhoi cyfle i'r heddlu archwilio'r car. Roedd y plismon ar ddyletswydd wedi ei weld yno o'r blaen, ac fe'i cyfarchodd yn serchog a hwyliog iawn, 'Mae'n braf eich gweld eto, Syr John. Rych chi'n gyfarwydd â'r drefn bellach mae'n siŵr, felly gaf i gipolwg cyflym yn y bŵt os gwelwch chi'n dda?' Agorwyd y gist, ac aeth yr heddwas i'r cefn i sicrhau bod popeth yn iawn. Ni wyddai Syr John bod ei bartner wedi bod yn siopa y bore hwnnw ac wedi llenwi cist y car â nwyddau *special offer* y dydd – rholiau papur tŷ bach! Dwsinau ohonyn nhw! Gwyrodd y plismon ei ben drwy'r ffenestr, a gofyn gyda gwên ddireidus, 'Teimlo'n nerfus heddiw Syr John?'

*   *   *

107

Cyn gorffen y bennod hon mae'n rhaid sôn hefyd am y cyfeilyddion sydd wedi cydweithio gyda Dennis dros y blynyddoedd. Mae'n ddyledus iawn i dri ohonynt yn arbennig – Bryan Davies ('pianydd gwych a gŵr hynod o ddiymhongar'), Michael Pollock ('athrylith o gerddor'), a hefyd Ingrid Surgenor, a gyfeiliodd iddo gyntaf yng Nghystadleuaeth Kathleen Ferrier ym mlynyddoedd cynnar saith degau'r ganrif ddiwethaf. Mae'r tri yn ddi-wahân, fel pawb arall i mi eu cyf-weld wrth baratoi'r llyfr hwn, yn pwysleisio bod Dennis yn ganwr sydd yn broffesiynol hyd fêr ei esgyrn, a'i fod e hefyd yn berson sy'n hael a charedig tuag at ei gyd-berfformwyr.

A hithau wedi ei adnabod cyhyd, mae gan Ingrid Surgenor ambell sylw a mewnwelediad craff iawn ohono:

Mae'n gerddor deallus iawn, ond dyw'r deallusrwydd hwnnw, fel sy'n medru digwydd gyda rhai cantorion, byth yn rhwystr iddo gysylltu'n uniongyrchol â chalonnau ei gynulleidfa. Mewn unrhyw ddatganiad bydd yn dethol y caneuon yn ofalus er mwyn plesio'r gynulleidfa, ac fe fydd yn sensitif iawn i'r ymateb. Os bydd raid, mae'n newid yr eitemau yn ystod y perfformiad, er mwyn sicrhau mwynhad pawb sy'n gwrando. Mae Dennis hefyd ymhlith yr ychydig artistiaid sy'n medru gwneud i mi deimlo'n gwbl gyffyrddus ar lwyfan, a sicrhau bod fy nghyfraniad yn gymorth diamheuol i lwyddiant y datganiad neu'r cyngerdd. Bellach rydym wedi perfformio gannoedd o weithiau gyda'n gilydd – yng Nghymru a Lloegr, yn yr Alban ac Iwerddon, yn Ffrainc a Gwlad Belg, yn yr Eidal a Norwy – ac mae ei dechneg mor sicr, dwi ddim yn meddwl i mi ei glywed yn cracio nodyn ers dros ugain mlynedd. Rydym yn gyfeillion agos bellach, ac mae perfformio gyda'n gilydd yn bleser pur.

Un feirniadaeth sydd ganddi o Dennis:

Dyw Dennis erioed wedi talu digon o sylw i'r cysylltiadau cyhoeddus hynny sydd mor bwysig bellach; dyw e ddim yn gwerthu na marchnata ei hunan gystal ag y gallai. Er ei fod wedi mwynhau gyrfa anhygoel o lwyddiannus, mae ei wyleidd-dra naturiol a chynhenid wedi ei rwystro, i ryw raddau, rhag ennill y gydnabyddiaeth y mae ei dalentau yn eu gwir haeddu.

Ond dyna gymeriad Dennis, ac fe wn o brofiad fod yn well ganddo ar ddiwedd perfformiad, er enghraifft, ddianc i fwynhau pryd da o fwyd gydag Ellen a'i ffrindiau, yn hytrach na 'hobnobio' gyda'r crachach a'r bobl ddylanwadol.

Caewyd tŷ opera Covent Garden yn 1997 er mwyn ei adnewyddu'n llwyr, a Dennis gafodd yr anrhydedd o ganu'r 'Datganiad Olaf' yn yr hen theatr. I mi, yr achlysur hwn oedd pinacl y bartneriaeth rhyngddo ac Ingrid Surgenor, ac nid anghofiaf fyth i rywrai yn y gynulleidfa ar ddiwedd y datganiad godi ar eu traed a chwifio baner ac arni'r geiriau *'Dennis O'Neill reaches parts that other tenors cannot reach!'*

Y Dyfodol

Un bel dì vedremo . . .

Rhyw ddydd . . .

(Act 3 *Madama Butterfly* gan Puccini)

R HYW ddydd . . . fe ddaw'r yrfa ddisglair i ben; mae hynny'n anochel. Mae cyhyrau'r llais, fel unrhyw gyhyrau eraill, yn siŵr o ddirywio a llacio rywbryd, ond ar hyn o bryd does yr un arwydd o hynny. Yn wir mae nifer fawr o bobl, gan gynnwys beirniaid cerddorol, o'r farn bod Dennis yn canu'n well nag erioed. Os gwireddir ei ddymuniad bydd yn rhoi'r gorau i berfformio mewn operâu ymhen rhyw dair blynedd, er y bydd yn gobeithio parhau i ganu rhannau megis Otello a Canio, a pherfformio mewn cyngherddau, am beth amser wedi hynny.

Yn y gorffennol bûm i, ynghyd â nifer eraill o'i ffrindiau, yn pryderu ynglŷn â beth fyddai Dennis yn debygol o'i wneud ar ôl ymddeol. Mae'n ymddangos i mi ei fod, yn naturiol ddigon ar ôl gyrfa mor hir, yn llwyr ddibynnol ar effaith a chyffro'r adrenalin sy'n llifo drwy'r gwythiennau wrth berfformio, ac y bydd yn ofynnol iddo ddarganfod sialensau newydd er mwyn cadw fflach y deallusrwydd arbennig sydd ganddo yn fyw. Bellach fe wn fod ganddo gynlluniau cyffrous ar y gweill – cynlluniau a fydd yn sicr o'i gadw'n ifanc ei feddwl am flynyddoedd lawer, ac a fydd hefyd yn caniatáu iddo ddefnyddio'r talentau diamheuol sydd ganddo, er budd cantorion ifanc ar draws y byd.

Wrth gwrs, pan ddaw'r yrfa i ben bydd yn gweld colli'r bywyd llawn cynnwrf, a chwmnïaeth agos ei gydberfformwyr, ond fe fydd yn falch hefyd o roi'r gorau i hedfan ar draws y byd. Mae hi bob amser yn ddiddorol ei glywed yn sôn am rai o'r gwledydd, y dinasoedd a'r tai opera y bu'n ymweld â nhw'n gyson yn y gorffennol, ac mae ambell ymateb yn wahanol i'r disgwyl.

Er ei fod yn dwlu ar yr Eidal a'i phobl, ac er bod ganddo atgofion melys o'r wlad – y gynulleidfa yn Parma, er enghraifft, yn gwrthod gadael i'r arweinydd, Roberto Abbado, fynd yn ei flaen â'r opera *Luisa Miller* gan Verdi, nes ei fod wedi caniatáu *encore* i Dennis gyda'r aria *Quando le sere al placido* (Pan oedd y ffurfafen yn ddigyffro) – nid yw'n edmygu biwrocratiaeth wallgof y wlad o gwbl. Mae'n gas gan Dennis hefyd y rhagfarn sy'n gyffredin yno yn erbyn rhai cantorion nad ydynt yn Eidalwyr, a'r rhagfarn hiliol, bron, yn erbyn trigolion rhai o wledydd y byd.

Nid yw Dennis yn or-hoff o Efrog Newydd fel dinas, oherwydd mae'n teimlo ei bod yn amhersonol, a bod ei thrigolion yn anghwrtais ar brydiau. Bu canu yn y Met yn bwysig iddo ar ddechrau ei yrfa, ond er iddo fwynhau canu yno mae'n teimlo, fel nifer o gantorion eraill, bod y theatr 'yn dipyn o ogof fawr lydan', ac mai dim ond y lleisiau mwyaf sydd fel arfer yn medru llwyddo yno. Oherwydd bod y gynulleidfa mor bell i ffwrdd, mae actio cynnil yn amhosibl, ac mae'n anodd i'r gynulleidfa weld wynebau'r perfformwyr. Ar ben hyn oll, cymedrol yw'r bwyd yno, ac mae'r bwyd Eidalaidd, yn ôl Dennis, 'yn ofnadwy – peli cig a saws tomato gyda phopeth!' Mae'n well ganddo ddinas San Francisco, ac mae'n hoff o Chicago, er i'r ddinas reit lawn haeddu ei llysenw fel *Windy City* pan aeth e yno am y tro cyntaf, a bu'n rhaid iddo brynu cot fawr newydd er mwyn cadw'n gynnes yno. Mae'n cofio, gyda gwên ar ei wyneb, mai un o'r *répétiteurs* yno ar y pryd oedd neb llai nag Antonio Pappano, sydd bellach yn Gyfarwyddwr Cerdd Tŷ Opera Brenhinol Covent Garden. Mae pawb yn gorfod dechrau yn rhywle!

Mae acwstig theatr yn bwysig i Dennis, wrth gwrs, ac mae ansawdd y sain yn theatr y Bastille yn Ffrainc yn ei blesio'n fawr – ac mae'r bwyd yn y ddinas hon, yn wahanol i Efrog Newydd, yn odidog! Er ei fod yn siarad Ffrangeg, mae'n ei chael hi'n anodd ar brydiau i ddod i adnabod y Ffrancwyr yn dda, a dyna pam, ym marn Dennis, eu bod yn medru ymddangos yn ddi-fanars ar brydiau.

Ni chafodd gymaint â hynny o fwynhad wrth berfformio yn Vienna. Mae o'r farn taw diddanu twristiaid yw prif nod y tŷ opera hwnnw bellach, ac er bod y gerddorfa gyda'r gorau yn y byd, dyw'r safonau cerddorol ddim cystal ag y buon nhw. Mae'r gynulleidfa leol yn Vienna yn cael ei disgrifio fel un 'soffistigedig ac uchel ael', ond mae Dennis o'r farn y byddai 'oeraidd a snobyddlyd' yn well disgrifiad.

Fe fyddai Dennis yn rhyfeddol o drist pe na fyddai'n cael cyfle i ymweld ag Awstralia eto yn y dyfodol, oherwydd mae wedi gwneud ffrindiau oes yno, ac wedi mwynhau canu mewn gwahanol fannau ar hyd ac ar led y wlad, yn arbennig yn nhŷ opera enwog Sydney. Mae rhai o'r cyfleusterau cefn llwyfan yn siomedig, ond mae acwstig y theatr ei hunan yn ei gwneud yn hawdd iawn i ganu ynddi.

A minnau wedi clywed Dennis yn perfformio mewn nifer o'r canolfannau hyn (er nid yn Awstralia), dwi'n credu mai yn Munich mae'r acwstig gorau oll. Dinistriwyd y tŷ opera gwreiddiol yn ystod y rhyfel, ond mae'r sain yn y theatr newydd gystal fel y gellid credu bod lleisiau'r cantorion yn cael eu chwyddo gan offer electronig. Mae'n lle delfrydol i ganu ynddo, ac fe allwch chi werthfawrogi pob nodyn, lle bynnag y byddwch chi'n eistedd. Ond mae cysylltiadau'r ddinas â chyfnod Adolf Hitler yn dal yn eithaf amlwg, ac mae ambell aelod o'r corws yn Munich yn dal i ddathlu ei ben-blwydd.

Dim ond atgofion hapus sydd gan Dennis o Sbaen a'i phobl, ac o ddinas hardd Barcelona yn arbennig. Ymwelodd â'r ddinas am y tro cyntaf yn nyddiau cynnar iawn ei yrfa, er mwyn cymryd rhan mewn cystadleuaeth leisiol ryngwladol.

Roedd arian yn brin, a threfnwyd llety iddo gydag Antonio a Mirabel – gŵr a gwraig yr oedd brawd-yng-nghyfraith Dennis wedi cyfarfod â hwy cyn hynny. Cafodd Dennis groeso gwresog gan Antonio a'i deulu, a datblygodd cyfeillgarwch agos iawn rhyngddynt mewn byr amser. Roedd Antonio wedi sylwi nad oedd gan Dennis got fawr i'w gadw'n gynnes, ac wrth i Dennis ymadael yn y trên o Barcelona, tynnodd Antonio (oedd yn rhyw chwe throedfedd a phedair modfedd o daldra), ei got ei hun, a'i thaflu i mewn i'r trên yn anrheg ffarwél. Mae'r got wedi hen ddiflannu, ond mae'r cyfeillgarwch rhwng Dennis ac Antonio a Mirabel cyn gryfed ag erioed.

Mae Dennis, wrth gwrs, wedi mwynhau perthynas hir a llwyddiannus gyda'r Tŷ Opera yn Covent Garden, ac er ei bod yn ddinas orffwyll o brysur a drud, mae'n hoff o Lundain a'i chyffro diflino. Mae'n gwerthfawrogi'r newidiadau a wnaed yn ystod adnewyddu'r adnoddau tu cefn i'r llwyfan yn Covent Garden, ond roedd yn well ganddo'r theatr ei hun fel ag yr oedd hi, gan fod y mannau cyhoeddus, bellach, yn ymddangos 'ychydig bach fel warws mawr'. Ac er bod yr ystafelloedd gwisgo newydd yn llawer mwy moethus na'r hen rai (doedd dim cawod hyd yn oed yn y rheiny), mae Dennis yn gweld colli'r ymdeimlad o hanes a berthynai iddynt. Roedd rhai o gantorion chwedlonol y byd operatig wedi eistedd yn ddisgwylgar ynddynt, ac fe droediwyd y grisiau caregog a llithrig oedd yn arwain at y llwyfan yn y dyddiau a fu gan gewri megis Caruso a Melba a'u tebyg. Ond mae'n siŵr y bydd y theatr newydd yn creu ei hanes a'i harwyr ei hun wrth i'r blynyddoedd fynd heibio. Ym mis Medi 2006 bydd Cwmni Covent Garden yn cyflwyno perfformiad cyngerdd o'r opera La Juive (Yr Iddewes) gan Halévy yn y Barbican, a Dennis fydd yn canu rhan Eléasar, un o brif rannau'r opera. Mae e'n teimlo efallai mai honno fydd ei ran olaf – ei ffarwél â Chwmni Covent Garden.

Yn naturiol ddigon, a chan fod gan Dennis deulu agos yno sy'n mynychu pob cyngerdd a pherfformiad y mae'n ymddangos ynddo, mae Iwerddon yn agos iawn at ei galon. Mae rhan bwysig o gynlluniau Dennis gogyfer â'r dyfodol yn gysylltiedig â'r wlad honno. Flynyddoedd yn ôl, ar ddechrau ei yrfa, bu Dennis yn canu rhannau gweddol fach yng ngŵyl enwog Wexford, ac yn 2005 gwahoddwyd Dennis ganddynt i sefydlu cwrs canu blynyddol yn y dref, a fydd yn feithrinfa bwysig i gantorion ifanc o bedwar ban byd. Ond mae Dennis hefyd wedi helpu i ddarganfod a datblygu cantorion Gwyddelig addawol dros ben, gan synnu rhai o'r beirniaid cerddorol sy'n credu nad yw cantorion ifanc Iwerddon yn werth eu clywed. Mae dyfodol opera yn Iwerddon yn llawer mwy sicr nag y bu, ac mae'r diolch am hynny i raddau helaeth i Dennis a'i weledigaeth a'i allu fel hyfforddwr.

Dros y blynyddoedd gwnaeth lu o ffrindiau galluog yn y byd cerddorol, a bellach gall alw arnynt i ddod draw i Wexford i helpu gyda'r dosbarthiadau meistr sy'n cyffwrdd ag agweddau amrywiol y byd operatig. Bu sefydlu'r cwrs yn dipyn o dasg, a bu'r gofynion gweinyddol ar brydiau yn llethol o drwm ar ysgwyddau Dennis; ond mae ei egni'n ddiflino, ac mae yn ei elfen yn helpu cantorion ifanc i gyrraedd y safon uchaf posibl. Mae cantorion ifanc o Gymru ymhlith y rhai sydd eisoes wedi elwa o'r cwrs yn Wexford, ac mae Dennis yn argyhoeddedig y bydd o leiaf un ohonynt yn fyd enwog rhyw ddydd.

Mae Dennis ei hun yn hyfforddi cryn dipyn ar y cwrs hwnnw, ac o wrando arno'n cynnal dosbarthiadau meistr yn Treviso yn yr Eidal, fe wn ei fod yn athro llais heb ei ail. Oherwydd iddo fe ei hun orfod ymdrechu'n hir wrth geisio meistroli'r technegau lleisiol, mae'n deall yn well na neb arall efallai sut mae datrys y problemau y mae'r cantorion ifanc yn debygol o'u hwynebu, a gall ddangos iddynt yn union beth sydd angen ei wneud. Mae'n amyneddgar ac yn llawn hiwmor wrth ddelio gyda'r myfyrwyr; mae hefyd yn ieithydd da, ac mae'r *repertoire* operatig ar flaenau'i fysedd. Does ryfedd bod nifer fawr o ganolfannau'r byd operatig yn danfon cantorion ifanc ato er mwyn gofyn ei farn, ac weithiau byddant yn erfyn arno hefyd i hyfforddi a chynghori'r cantorion hynny.

Mae'r cynlluniau sydd gan Dennis ar gyfer Cymru a Chaerdydd yn hynod o gyffrous ac uchelgeisiol. Mae wedi sefydlu Academi Llais Ryngwladol yn y brifddinas, nad oes ei thebyg mewn unrhyw le arall yn y byd. Ers rhai blynyddoedd bellach mae Dennis, ynghyd â nifer o'i gyfoedion yn y byd operatig, wedi teimlo bod angen diwygio'r hyfforddiant sydd ar gael i gantorion ifanc, oherwydd bod safonau technegol y genhedlaeth newydd o gantorion, ar y cyfan, yn siomedig, ac weithiau'n wallus. Mae'r Colegau Cerdd yn dal i hyfforddi eu myfyrwyr yn gall a synhwyrol, gan osod canllawiau defnyddiol dros ben iddyn nhw, ond nid yw'n ymarferol bosibl dysgu'r technegau angenrheidiol i gyd i'r myfyrwyr o fewn tair neu bedair blynedd. Mae'r byd proffesiynol sy'n bodoli y tu allan i'r Colegau hyn hefyd wedi newid, ac mae llai o gyfleoedd i'r cantorion ifanc berffeithio eu dawn cyn iddynt gael eu taflu i mewn yn rhy gyflym i fyd anodd a chystadleuol opera proffesiynol.

Felly, nid cystadlu gyda'r Colegau Cerdd fydd bwriad yr Academi yng Nghaerdydd. Yn hytrach, mae Dennis am ddenu rhai o gantorion ifanc gorau'r byd, sydd eisoes wedi dechrau ar yrfaoedd addawol, i berffeithio eu doniau yno, a hynny mewn awyrgylch cwbl broffesiynol. Er mwyn dilyn y cwrs sy'n para deg wythnos ar hugain, fe fydd yn rhaid i'r cantorion ollwng gafael ar eu gyrfaoedd dros dro, ond ar ddiwedd y cwrs fe fyddant wedi dysgu'r hyn fyddai fel arfer wedi cymryd rhai blynyddoedd iddynt ei feistroli.

Dennis ei hun fydd Cyfarwyddwr yr Academi, ond fe fydd yn galw ar ei gyfeillion ym myd cerdd – y cantorion, y cyfeilyddion, yr arweinyddion a'r hyfforddwyr llais y bu'n cydweithio gyda nhw cyhyd – i ddod i'r Academi yng Nghaerdydd, a'i gwneud yn gyrchfan unigryw i'r cantorion ifanc gorau oll. Fe fyddai wedi bod yn bosibl i Dennis sefydlu'r Academi yn un o brif ddinasoedd Ewrop, ond roedd yn awyddus ac yn benderfynol o'i chael yng Nghymru. Bu'n frwydr wleidyddol hir ac anodd ond, bellach, ar ôl cefnogaeth ddewr Prifysgol Caerdydd sydd yn ariannu'r prosiect, mae dyfodol yr Academi yn sicr, ac fe fydd y cantorion cyntaf yn cyrraedd ar ddechrau 2007.

Dim ond lle i bymtheg o gantorion fydd ar y cwrs, ac mae Dennis yn obeithiol y bydd un ohonynt bob blwyddyn yn dod o Gymru. Byddant yn astudio mewn dosbarthiadau meistr, ond fe fyddant hefyd yn astudio fel unigolion gyda hyfforddwyr enwocaf eu harbenigedd ym myd opera. Fe fydd cyfle hefyd i astudio Eidaleg, Almaeneg, Rwsieg a Ffrangeg – nid fel ieithoedd llafar, ond yn ôl gofynion ieithyddol canu mewn operâu. Bwriad arall yw i'r cantorion ddysgu dwy ran newydd yn drwyadl yn ystod y deg wythnos ar hugain, ac fe fydd cyfle ar ddiwedd pob cwrs iddynt gyflwyno perfformiad cyhoeddus o'r operâu hynny, efallai yng Nghanolfan y Mileniwm yng Nghaerdydd. 'Fe fydd y safon,' medd Dennis, 'yn eithriadol o uchel, ac fe fydd asiantau pwysicaf o Lundain a thramor yn cael eu gwahodd i'r perfformiadau.'

Mae Dennis wrthi'n ddiwyd o hyd yn ceisio sicrhau y bydd yr Academi newydd nid yn gystadleuaeth ond yn ddolen gyswllt rhwng nifer o sefydliadau pwysicaf Cymru. Yn y pen draw mae'n obeithiol y bydd BBC Cymru, gan gynnwys Cystadleuaeth Canwr y Byd a noddir ganddynt, Cwmni Opera Cenedlaethol Cymru, Prifysgol Caerdydd a Choleg Brenhinol Cerdd a Drama Cymru, i gyd yn cydweithio gyda'r Academi er budd y byd cerddorol a'r gymuned. Efallai mai Dennis O'Neill fydd y cyntaf erioed i oresgyn problemau chwedlonol 'cythraul y canu' yng Nghymru! Mae cynlluniau eisoes ar y gweill hefyd i'r Academi ddefnyddio ac ehangu'r ysgol leisiol yn Barga y bu Dennis ei hun yn rhan ohoni ar ddechrau ei yrfa. Pwy ond Dennis fedrai fod mor uchelgeisiol, ac eto mor gwbl ymarferol?

*   *   *

Yn ystod cyfnod cynllunio hyn i gyd, bu Dennis hefyd yn aelod gweithgar iawn o Fwrdd Rheoli Cwmni Opera Cenedlaethol Cymru. Mae aelodau'r Bwrdd Rheoli dan anfantais hyd y gwelaf i (ac mae hyn yn wir am unrhyw Fwrdd tebyg, efallai), oherwydd er eu bod yn arbenigwyr yn eu meysydd eu hunain, ac er bod ganddynt ddiddordeb personol mewn opera, efallai, does dim llawer ohonynt yn gerddorion, ac felly mae'n rhaid iddynt yn y pen draw ddibynnu ar rywun arall i esbonio iddynt beth yn union sy'n dderbyniol a beth sydd ddim. Ar ba sail, wedyn, y mae'n bosibl iddyn nhw asesu cywirdeb unrhyw gyngor neu argymhelliad? Mae presenoldeb Dennis ar y Bwrdd yn sicrhau gwybodaeth lawn a thrylwyr o'r byd operatig, ac mae'n gerddor digon da i ategu, neu amau os bydd angen, unrhyw ffeithiau cerddorol a osodir ger bron y Bwrdd. O siarad ag aelodau'r gerddorfa a'r corws, mae'n amlwg eu bod yn hapus dros ben bod rhywun mor brofiadol â Dennis bellach yn aelod o'r Bwrdd. Mae'n siŵr bod ei bresenoldeb wedi bod yn gaffaeliad mawr wrth benodi olynydd i Anthony Freud fel Cyfarwyddwr Cyffredinol Cwmni Opera Cenedlaethol Cymru.

Ddeng mlynedd a mwy yn ôl, bu Dennis yn un o ymddiriedolwyr ymgyrch Tŷ Opera Newydd Caerdydd, a hyd heddiw mae'n siomedig a blin bod cymhellion gwleidyddol wedi trechu'r fenter honno. Roedd yn edmygydd mawr o gynlluniau'r pensaer Zaha Hadid, ac mae'n dal i gredu bod y papurau newydd wedi camarwain eu darllenwyr wrth awgrymu bod yn rhaid dewis rhwng stadiwm rygbi newydd a thŷ opera yn y Bae – 'Roedd angen y ddwy ganolfan,' meddai, 'ac fe fyddai gwireddu'r ddwy freuddwyd wedi medru bod yn bosibl.' Ond mae hynny i gyd yn hen hanes bellach; mae Dennis yn ymhyfrydu yn llwyddiant Canolfan y Mileniwm, ac yn falch o fedru dweud ei bod hi'n haws ac yn rhatach cael tocyn i weld Cwmni Opera byd enwog yn perfformio nag yw hi i brynu tocyn i wylio'r rygbi yn Stadiwm y Mileniwm!

*   *   *

117

A bod yn onest dwi ddim yn credu y gwnaiff Dennis fyth ymddeol, ond os bydd i'r llais dewi rhyw ddydd, mae'n braf gwybod y bydd e'n dal i frwydro mor egnïol ag erioed dros yr hyn y mae'n credu ynddo.

Beth bynnag ddaw i'w ran yn y dyfodol, mae ei wreiddiau'n dal yn bwysig iddo. Beth amser yn ôl dychwelodd i'r Bont i ganu yng Nghapel y Gopa er mwyn codi arian i gartref sy'n gofalu am gleifion *Alzheimer* yn agos at Abertawe. Roedd y capel yn orlawn, ac yn eistedd yn y sedd orau uwchben y cloc roedd Anti Marion a nifer fawr o'r teulu. Roedd yn noson emosiynol iawn i Dennis, wrth weld cynifer o wynebau cyfarwydd a chofio am ddyddiau ei ieuenctid. Fe ganodd nes ei fod bron â cholli ei lais, ac fe gyffesodd wrthyf yn ddiweddarach, 'Frank, ro'n i'n fwy nerfus na phetawn i'n canu yn La Scala!'

Fel yr awgrymodd y bardd, yn ein gorffennol cawn ganfod ein dyfodol.

Cyfeillgarwch

Oh, oui! Jurons de rester amis!

Yn wir! Byddwn gyfeillion am byth!

(Act 1 *Les Pêcheurs de Perles* gan Bizet)

AR SAWL achlysur dwi wedi eistedd mewn cynulleidfa yn rhyfeddu at orchestion Dennis O'Neill wrth iddo ganu mewn rhyw opera neu'i gilydd. Mae'n ddiddorol gwrando ar sylwadau'r bobl o 'nghwmpas, a sylweddoli eu bod nhw'n amlwg yn teimlo eu bod yn ei adnabod fel person yn ogystal ag fel perfformiwr. Yng Nghymru mae'n bosibl eu bod, yn wir, wedi ei gyfarfod, ond mae cynulleidfaoedd dros y byd i gyd yn rhannu'r un ymdeimlad o fod yn 'berchen', rywsut neu'i gilydd, ar bob perfformiwr sy'n ymddangos o'u blaenau. Dyna pam bod rhaglenni teledu, recordiau, erthyglau yn y wasg, ac unrhyw gyhoeddusrwydd, mor bwysig wrth greu delwedd arbennig ym meddyliau'r cyhoedd am gymeriad a thalentau pwy bynnag sydd dan sylw. Mae pob sylw'n werth ei gael, medden nhw, ond yn anffodus mae'n anodd gwybod yn aml beth sy'n wir a beth sy'n gelwydd, beth sy'n fanwl gywir a beth sy'n or-ddweud.

Y fantais fawr sydd gen i wrth ysgrifennu am Dennis O'Neill, gobeithio, yw ein bod ni'n ffrindiau agos ers dros bymtheng mlynedd. Dwi'n ei gyfarfod ar ôl y perfformiad, ar ôl iddo ddiosg y gwisgoedd moethus lliwgar fu'n rhan o'i gymeriad ar y llwyfan, a dwi'n gweld y Dennis go-iawn. Ar ôl iddo wisgo'i ddillad bob dydd fe gerddwn allan i'r nos, fe awn ni i ymlacio dros damaid o swper gyda'n gilydd, ac i ddadansoddi uchafbwyntiau a gwendidau'r perfformiad. Mae'n fraint bod yn y fath sefyllfa, i gael cyfle i adnabod y dyn ei hun, y dyn go-iawn. Dwi wedi sôn eisoes am y canwr, y perfformiwr, y dyn cyhoeddus, a nawr mae'n rhaid ateb y cwestiwn: sut *berson* yw Dennis O'Neill? Mae Dennis ei hun wedi erfyn arnaf i 'ddweud y gwir', ac i ddangos yr 'holl ffaeleddau, heb gelu dim'. Dyna i chi her – cyflwyno cymeriad mor gymhleth a lliwgar, yn onest a diflewyn-ar-dafod.

*   *   *

Roedd Dennis a minnau'n adnabod ein gilydd ers blynyddoedd oherwydd cysylltiadau gwaith, ond yn 1990 cefais y cyfle i ddod i'w adnabod fel cyfaill. Bryd hynny daeth ei frawd, Andrew, i weithio i mi pan oeddwn i'n Bennaeth yr Adran Gyflwyno a Hyrwyddo Rhaglenni yn y BBC. Rhyw ddydd, gofynnodd Andrew i mi a hoffwn i ddod draw am swper gyda'i frawd ac yntau; roedd yn wahoddiad na fedrwn ei wrthod. Fedrwn i ddim peidio â dyfalu, chwaith, pa fath o berson oedd y canwr hwn mewn gwirionedd – canwr oedd yn dipyn o eilun i mi ers i mi ei glywed yn canu yn *La Traviata* ddeng mlynedd a mwy ynghynt. Fe wyddwn ei fod yn ariannol llwyddiannus iawn, bellach, ac felly roedd hi'n deimlad braf meddwl bod seren byd opera'n dal i fyw yng Nghymru, ac nad oedd wedi cael ei demtio i ffwrdd i fyw yn Llundain, neu hyd yn oed dramor.

Cafodd Fiona, fy ngwraig, a minnau groeso gwresog iawn y noson honno, a buan y sylweddolais fod Dennis yn gogydd arbennig o dda; roedd 'na wledd o fwyd, rhyw bedwar neu bum cwrs i gyd os cofiaf yn iawn, gyda gwinoedd da yn gyfeiliant iddynt. Wyddwn i mo hynny ar y pryd, wrth gwrs, ond mae coginio'n un o bleserau bywyd i Dennis, ac yn help iddo ymlacio ar ôl dod adref. Pan fydd yn teithio'r byd yn canu, ac i ffwrdd am fisoedd ar eu hyd, mae dychwelyd adref yn well na bod ar wyliau iddo, ac mae gwahodd ffrindiau i giniawa gyda'i gilydd yn ffordd hwylus iddo gadw mewn cysylltiad a chael y newyddion a'r clecs diweddaraf am hwn a hon, a hyn a'r llall. Mae ei gegin yn llawn geriach coginio, gan gynnwys y teclynnau diweddaraf i gyd, ac mae Dennis yn eu defnyddio'n gyson.

Tŷ teras mawr yn agos at Heol y Gadeirlan yng Nghaerdydd (rhyw filltir o'n tŷ ni) sy'n gartref i Dennis ac Ellen; mae'n dŷ cyffyrddus a diddorol, ond heb fod yn rhwysgfawr o gwbl – tŷ croesawgar sy'n adlewyrchu'r agosatrwydd rhyfeddol sy'n perthyn i'r canwr rhyngwladol hwn a'i wraig. Roeddwn i wrth fy modd, wrth gwrs, yn edrych ar luniau nifer o gyfansoddwyr a chantorion ar y muriau, ac yn darllen y rhaglenni perfformio o dai opera'r byd gydag enw Dennis yn flaenllaw arnyn nhw. Ni chefais yr argraff mai arwydd o rodres oedd arddangosfa o'r fath; yn hytrach, *mementos* oedden nhw o yrfa yr oedd Dennis yn wir ymfalchïo ynddi.

Blith draphlith ynghanol popeth, roedd lluniau o berthnasau rif y gwlith o bob ochr i'r teulu. Ar wal y tŷ bach lawr llawr (mae'r lleoliad yn dweud llawer!) roedd nifer o gyfarchion gan gantorion enwog wedi eu fframio: y tenor Alfredo Kraus yn dymuno pob lwc i Dennis ar ei ymddangosiad cyntaf yn America, y soprano Ileana Cortubas a'i gŵr yn amgáu sgarff *'to keep your lovely voice warm'*, cyfarchiad gan Eva Turner a chan Guiseppe di Stefano, ac yn ben ar y cyfan, llythyr gan gwmni rhywle ym Mhrydain yn sôn ei fod yn awyddus i drosglwyddo arian oedd yn ddyledus i Dennis ers ei ddyddiau 'fel dawnsiwr bale'! *Scarcely believe*, chwedl Ifans y Tryc!

Mae'n rhaid bod Dennis ac Ellen hefyd wedi mwynhau'r noson gyntaf honno i ni gyfarfod yn eu cartref, oherwydd cyn bo hir fe ddaeth gwahoddiad arall, ac un arall, a chyfle i gyfarfod â mwy o ffrindiau a theuluoedd y ddau. Yn raddol fe ddatblygodd cyfeillgarwch hawdd a hapus rhyngom, er bod Dennis braidd yn gyndyn ar y cychwyn i ddod atom ni am swper. Fedrwn i ddim deall pam, ar wahân i'r ffaith ei fod yn amheus, efallai, o ddawn goginio Fiona a minnau.

Ond, yn raddol, fe ddeallon ni bod Dennis yn eithaf swil yn y bôn, ac nad oedd yn or-hoff o fod mewn mannau dieithr lle nad yw'n credu y bydd yn teimlo'n hollol gartrefol. Mae'n bwysig iddo nad yw byth yn cael ei ddal yn ddiarwybod gan neb na dim; mae am sicrhau mai fe sydd yn rheoli'r sefyllfa. O gofio natur ei alwedigaeth mae'n hawdd deall pam ei fod yn teimlo felly.

Er ei bod yn beryglus dadansoddi, weithiau, bûm yn pendroni'n hir o bryd i'w gilydd pam y daethom yn gyfeillion agos. Y prif reswm, dwi'n meddwl, yw bod ein cefndiroedd mor debyg. Roedd Eva ac Anti Marion yn debyg iawn eu ffordd i fy mam innau; roeddent yn siarad yr un dafodiaith, fwy neu lai, ac yn rhannu'r un hiwmor a ffraethineb. Er y medrech chi ddweud i mi ddatblygu'n dipyn o *posh Welsh* dros y blynyddoedd wrth gyflwyno yn Saesneg a Chymraeg ar y BBC, yn y bôn roedd yr un acen, yr un sŵn, yr un fagwraeth, a'r un hiwmor yn perthyn i Dennis a minnau. Rydym yn deall ein gilydd. Mae'n help, wrth gwrs, fod gen innau gymaint o ddiddordeb mewn opera a cherddoriaeth. Dydw i ddim yn gerddor nac yn ganwr, ond dwi wedi treulio oes yn gwrando ar gantorion, a chan fy mod wedi astudio'r llais fel actor a darlledwr mae gen i rywfaint o wybodaeth am y technegau gofynnol sy'n gyffredin wrth lefaru a chanu.

Dros y blynyddoedd, hwyrach y bu o werth i Dennis fy mod i yn y gynulleidfa yn weddol gyson, i fedru dweud mor onest ag y medrwn wrtho sut roedd y noson honno'n cymharu â pherfformiad blaenorol. Roeddwn hefyd yn barod i fentro barn ar lwyddiant neu fethiant rhyw nodyn neu'i gilydd, neu ar amrywiaeth bychan yn ei ddehongliad. Gwyddwn hefyd, o'm profiad ar y llwyfan, am y tensiynau sy'n datblygu wrth berfformio, a gwyddwn am effaith yr adrenalin yn llifo'n ddi-baid drwy'r gwythiennau. Roedd y trafod a'r sgwrsio fel rhyw fath o therapi iddo, ac yna byddai'n ymlacio'n llwyr trwy wrando ar recordiau. Nid proffesiwn yn unig yw cerddoriaeth i Dennis – mae'n cael gwir fwynhad o wrando arno, ac mae'n rhan hollol hanfodol o'i fodolaeth.

Gyda chyfeillgarwch o'r fath, mae'n bwysig bod y gwragedd yn dod ymlaen â'i gilydd, ac yn sicr fe ddatblygodd perthynas agos rhwng Ellen a Fiona hefyd. Cyd-ddigwyddiad rhyfedd oedd bod y ddwy ohonynt wedi byw am gyfnod yn Kwala Lumpur pan oeddent yn blant, fwy neu lai ar yr un pryd. Roedd y ddwy hyd yn oed wedi etifeddu'r un math o gyllyll a ffyrc a brynodd eu rhieni pan oeddent ym Malaysia. Y noson gyntaf honno i ni giniawa gyda'n gilydd yng Nghaerdydd, fe sylwodd fy ngwraig bod gan Ellen, fel hithau, wydrau *Tiger Beer* o Kwala Lumpur yn ei chwpwrdd. Pan soniodd Fiona ei bod wedi torri rhai o'r gwydrau oedd ganddi hi, ar amrantiad dyma Ellen yn tynnu dau wydryn o'r cwpwrdd a'u cyflwyno'n anrheg iddi. Gweithred fechan, efallai, ond mor nodweddiadol o garedigrwydd Ellen, a gweithred hynod bwysig wrth sefydlu perthynas a chyfeillgarwch newydd sbon.

Ond dwi'n credu bod y ffaith 'mod i'n briod â Fiona yn bwysig mewn ffordd arall hefyd. Mae byd clawstroffobig opera yn orlawn o gymeriadau lliwgar, hoyw. Does gan Dennis ddim rhagfarn o gwbl yn eu herbyn – mae rhai o'i ffrindiau gorau yn eu plith ac, wedi'r cyfan, roedd ei frawd, yr oedd Dennis yn ei garu gymaint, yn hoyw. Ond, ar ddiwedd diwrnod hir o waith, mae'n dda ganddo ddianc i amgylchfyd mwy gwahanrywiol. Efallai ein bod ni'n greaduriaid anniddorol tu hwnt o'r herwydd, ond i'r byd hwnnw y perthyn Fiona a minnau.

Cymhwyster pwysig arall sydd gan Fiona a minnau i fod yn ffrindiau agos â Dennis yw bod y ddau ohonom yn medru bwyta dros Gymru. Fu 'na erioed well *Guinea Pigs* na ni, yn fodlon bwyta unrhyw beth sy'n ymddangos o'n blaenau. Mae'r *spaghetti Bolognese* mae Dennis yn ei goginio gyda'r gorau erioed; does dim gwell i'w gael yn unman yn yr Eidal. Mae'r saws cig ei hun yn seiliedig ar rysáit y byddai Caruso'n arfer ei ddefnyddio. (Pa rysáit arall fedrai tenor rhyngwladol ei ddefnyddio!) Dwi'n aml yn teimlo'n reit euog, oherwydd pan fydd Dennis ac Ellen yn dychwelyd o dramor, ac yn teithio yn y car yn ôl i Gaerdydd, fe fyddant yn aml yn ffonio rhai o'u ffrindiau a'u gwahodd am 'bryd bach syml a chlonc'. Erbyn i ni gyrraedd eu cartref, bydd 'na swper reit swmpus wedi ei baratoi gogyfer â phawb, er mai dim ond ers awr neu ddwy y bydd Dennis ac Ellen wedi bod gartref. Sôn am egni! Ond mae hynny'n brawf pellach bod ei gartref, ei deulu a'u ffrindiau yn anhygoel o bwysig i Dennis. Gartref, yng Nghaerdydd, mae pwysau'r byd yn diflannu, a thensiynau'r byd opera yn trawsnewid i realiti hyfryd bywyd bob dydd.

O gwmpas y bwrdd crwn fe fydd cylch o ffrindiau o gefndiroedd gwahanol iawn i'w gilydd yn ymgasglu. Os bydd ambell gyfaill o ganwr neu arweinydd yn digwydd bod yn perfformio yng Nghaerdydd, yna fe fyddant yn sicr o gael croeso. Mor braf iddyn nhw yw cael lloches gyfeillgar mewn dinas ddieithr sydd hefyd yn llawn dieithriaid.

Ond diwedd y noson fydd yn apelio fwyaf ataf fi, pan fydd Dennis, a rhai o'r cyfeillion weithiau, yn troi'n gwbl naturiol at y piano i ganu. Wyddwn i erioed cyn y nosweithiau hynny, o glywed cantorion operatig yn canu o fewn rhyw lathen neu ddwy i mi yng nghartref Dennis, yn union faint o sŵn maen nhw'n medru ei gynhyrchu. Mae'r lleisiau'n fyddarol – yn llythrennol! Mae'n rhaid iddyn nhw gael lleisiau o'r fath, wrth gwrs. Yn aml yn y theatr mae'r cantorion yn gorfod sefyll ymhell yn ôl ar lwyfan enfawr, ynghanol gwisgoedd a setiau trwchus sy'n medru amsugno'r sŵn; mae'n rhaid iddynt ganu uwchben y côr, y cantorion eraill, a cherddorfa fawr, ond mae'n dal yn ofynnol iddynt gyrraedd a chyffroi'r gynulleidfa sy'n eistedd yn ddisgwylgar ym mhellafoedd y theatr. Dwi'n methu deall sut maen nhw'n clywed eu hunain yn canu, ar adegau. Yng nghartref Dennis ac Ellen mae'r waliau'n gwegian a'r pared pren yn atseinio o bryd i'w gilydd. Diolch byth bod y muriau'n drwchus a'r cymdogion yn oddefgar dros ben, oherwydd gall y canu o gwmpas y piano barhau am oriau.

Ynghanol hyn i gyd bydd Dennis weithiau'n diflannu i gyfeiriad cwpwrdd arbennig ac yn dychwelyd gyda'r cwestiwn peryglus, 'Un bach?' gan gyfeirio at y gwydryn mewn un llaw a'r botel whisgi Gwyddelig yn y llall. Bydd hyn ond yn digwydd, wrth gwrs, os nad oes gwaith gan yr un ohonom y diwrnod canlynol. Weithiau byddwn yn siarad hyd at berfeddion nos, a phawb yn gwbl gyffyrddus yng nghwmni'n gilydd.

Oriau diddan, hapus; cyfeillgarwch amhrisiadwy.

*   *   *

Ar ddechrau'n cyfeillgarwch, mae'n rhaid cyfaddef i mi gredu fod Dennis yn mwynhau'r bywyd delfrydol. Wedi'r cyfan, roedd yn cael y cyfle i ganu a theithio'r byd ar yr un pryd. Roedd yn ymweld â dinasoedd godidog ac yn medru fforddio moethusrwydd y gwestai gorau oll. Ond o ddod i'w adnabod yn well, sylweddolais fod pris uchel iawn i'w dalu am fod yn ganwr enwog. Nid yw bywyd Dennis (na bywydau cantorion eraill, mae'n siŵr) hanner mor ddeniadol a rhamantus ag y mae'n ymddangos i ni.

Yn gyntaf oll, mae Dennis yn casáu hedfan â chas perffaith. Yn wir, mae hedfan yn ei ddychryn yn llwyr, ac felly mae pob taith mewn awyren yn peri poen arteithiol iddo. Mae'n eithriadol o ofnus os byth y bydd yn rhaid iddo hedfan i rywle ar ei ben ei hun, ac felly mae Ellen yn gwneud ei gorau i fod wrth ei ochr bob amser. Dewisodd Dennis ddilyn gyrfa fyddai'n amlygu'r arswyd hwn bob wythnos o'i fywyd, bron. Dros y blynyddoedd mae'r teithio ynddo'i hun wedi ei lwyr flino, ac mae'r systemau tymheru awyr ar yr awyrennau yn sychu'r llais ac yn amharu arno, a hefyd maent yn debygol o drosglwyddo heintiau – sy'n arbennig o beryglus i rywun sy'n dibynnu ar ei lais am fywoliaeth. Ond mae'r awyren hefyd wedi galluogi cantorion i deithio i bellafoedd byd mewn byr amser ac, fel pob canwr arall, mae Dennis yn teimlo'n aml fod yn rhaid iddo dderbyn unrhyw gynnig realistig a diddorol, a cheisio anghofio am yr ofn sy'n ei feddiannu wrth hedfan.

125

Mae canu'n yrfa fregus, ac mae'n ofynnol iddo gofio am yr hen ddywediad sy'n cynghori bod yn rhaid cynaeafu tra bo'r tywydd yn deg. Mae'r asiantau, sy'n mynnu eu pymtheg y cant o bob ffi, yn ogystal â chynhyrchwyr a rheolwyr y theatrau, hefyd yn debygol o ddisgwyl bod y canwr bob amser ar gael ar eu galwad hwy. Heb resymau digonol am wneud hynny, mae'n annoeth gwrthod cynigion rhesymol yn rhy aml. Mae'n hawdd iawn digio rhai o'r cymeriadau hunanbwysig sydd yn teyrnasu ym myd yr opera.

*   *   *

Yn 1992 aeth Fiona a minnau draw i Fenis i glywed Dennis yn canu am y tro cyntaf yn yr Eidal, ac yno y chwalwyd nifer o'r syniadau rhamantus eraill oedd gennyf am ei yrfa fel canwr opera. Anaml iawn y bydd Dennis ei hun yn cwyno, oherwydd wedi'r cyfan brwydrodd yn hir am gael gyrfa lwyddiannus, ond pan welais â'm llygaid fy hunan y math o fywyd oedd ganddo yn Fenis, daeth geiriau Caruso yn ôl i'm cof: 'Roedd bywyd wastad yr un fath i mi – gwaith, gwely, gwaith; petawn yn gwybod o'r cychwyn cyntaf pa mor flinedig ac undonog y gallai bywyd fel unawdydd llwyddiannus fod, byddwn wedi bodloni ar fod yn aelod o'r corws weddill fy nyddiau.'

Go brin fod Caruso yn hollol o ddifrif, ac yn sicr ni fyddai Dennis yn ategu popeth sydd ganddo i'w ddweud, ond mae'n hollol wir fod bywyd cantorion proffesiynol yn medru bod yn rhyfeddol o artiffisial. Tra bod Fiona a minnau'n rhydd yn Fenis i fwynhau godidowgrwydd un o ddinasoedd mwyaf hudolus y byd, roedd Dennis yn gaeth i amserlen drom o ymarferion gogyfer â rhan Edgardo yn yr opera *Lucia di Lammermoor* gan Donizetti. Ar ôl diwrnod hir o waith yng nghwmni dieithriaid llwyr y bu'n rhaid iddo siarad Eidaleg â nhw am oriau, byddai'n dianc yn yr hwyr am awr neu ddwy i fwyta ac ymlacio. Er mwyn gofalu peidio â gor-flino a gor-siarad, byddai'n dychwelyd yn reit gynnar i'r gwesty gydag

Ellen, er mwyn paratoi gogyfer â diwrnod arall, tebyg, drannoeth.

Hyd yn oed ar ddiwrnod rhydd ni fedrai fentro cerdded yn bell, rhag ofn i'r oerfel effeithio ar y llais, neu rhag ofn iddo ddal annwyd wrth gymysgu gyda'r torfeydd yn yr amgueddfeydd a'r arddangosfeydd. Ni fyddai chwaith yn teithio ar y *vaporetti* cyhoeddus (y bysys dŵr) am yr un rhesymau. Yn hytrach, byddai'n talu trwy'i drwyn am ddefnyddio'r tacsis dŵr preifat. Y ffaith yw, pe byddai Dennis byth yn colli ei lais ac yn methu canu mewn perfformiad, ni fyddai'n derbyn yr un ddimai goch. Felly mae'n rhaid bod yn ofalus iawn.

Fel pob dinas arall y bu'n perfformio ynddi, bach iawn o Fenis ei hun a welodd mewn gwirionedd yn ystod ei ymweliad. Mae'n arbenigwr ar feysydd awyr y byd, yn awdurdod ar dai bwyta a gwasanaethau tacsi ymhobman, ond ar wahân i hynny, yn aml, nid oes ganddo wybodaeth eang o'r lleoedd y bu'n ymweld â nhw. Mae pob canwr i ryw raddau yn poeni am ei lais a'i iechyd, ond mae Dennis, credwch hynny neu beidio, yn llawer llai o glaf di-glefyd na'r rhan fwyaf ohonynt.

Pa ran bynnag y mae'n ei chwarae, ac ym mha ddinas bynnag, mae diwrnod perfformiad yn ddiwrnod anodd iddo ac yn llawn tensiynau. Er y byddai'n dda ganddo gysgu'n hwyr, mae hynny gan amlaf yn amhosibl mewn gwesty prysur. Er hongian yr arwydd ar ddrws yr ystafell, yn erfyn am lonyddwch, mae rhywun yn siŵr o gnocio er mwyn trosglwyddo rhyw neges ddibwys neu'i gilydd, ac wedyn mae'r gwaith stwrllyd yn cychwyn o lanhau'r ystafelloedd eraill a'r coridorau; mae cysgu'n amhosibl dan y fath amgylchiadau.

Fel arfer, ni fydd Dennis byth yn siarad ar ddiwrnod perfformiad, ond fe fydd yn canu nifer o ymarferiadau er mwyn cynhesu'r llais, a meithrin sain ddisglair, uchel. Amser cinio fe fydd Ellen (neu gegin y gwesty) yn paratoi cawl clir ysgafn iddo ond, fel arall, ar wahân i yfed galwyni o ddŵr, fydd e byth yn bwyta tan ar ôl y perfformiad, rhag ofn i'r bwyd bwyso ar y stumog ac effeithio ar y llengig a'r anadlu. Mae'n ei chael hi'n anodd ar ddiwrnod perfformio i ddarllen na chanolbwyntio ar fawr o ddim byd arall chwaith, ac 'araf y tipia'r cloc yr oriau meithion'. Ond mae wrth ei fodd yn gweithio ar ei gyfrifiadur ac arbrofi ar y teclynnau electronig di-rif sydd ganddo yn ei fag.

Pan fydd Dennis yn chwarae rhan Otello, mae'n rhaid iddo fod yn yr ystafell goluro ryw dair awr cyn dechrau'r perfformiad er mwyn ei drawsnewid i fod yn ŵr o dras Negroaidd; fel arall mae'n cyrraedd y theatr ryw awr ymlaen llaw. Mae wedi llwyddo i gadw mwng da o wallt, a thros y blynyddoedd mae wedi gorfod defnyddio pob lliw dan haul arno, ond llawer gwell ganddo yw defnyddio'i wallt ei hunan os yw hynny'n bosibl, yn hytrach na gwisgo wìg drom sy'n medru cynhesu fel ffwrnais wrth i'r perfformiad fynd yn ei flaen. Yn ddieithriad, bron, mae'r gwisgoedd hefyd yn drwm, ac mae'n anodd symud yn rhwydd ynddynt.

Bellach, nid yw Dennis yn dioddef rhyw lawer o'r nerfusrwydd a'r ofn a fu'n ei barlysu, bron, yn y cyfnod cyn iddo lwyr feistroli'r nodau uchaf, ac felly mae'n medru sianelu'r egni a chanolbwyntio'n llwyr ar berfformio hyd at eithaf ei allu. Ac yna daw'r foment dyngedfennol, y camu ymlaen i'r llwyfan. Mae Dennis yn synhwyro'n syth a yw'r llais ar ei orau, neu a yw'n swnio'n fwy blinedig a thrafferthus nag arfer. Os gwir hynny, mae'n rhaid iddo newid rhywfaint ar ei dechneg, ac ymdrechu ychydig yn fwy wrth gynhyrchu'r nodau.

Mae'r llais yn offeryn cymhleth ac unigryw; fedrwch chi mo'i gloi mewn bocs ar ddiwedd perfformiad a'i adael ar ôl yn rhywle – mae'n mynd gyda'i berchennog i bobman, ac mae pob profiad ac emosiwn sy'n rhan o fywyd bob dydd y perchennog hwnnw, rywsut neu'i gilydd yn effeithio ar sain ac effeithiolrwydd y llais ei hun. Pwy yn ei iawn bwyll fyddai eisiau bod yn ganwr proffesiynol?!

Ond dyna'r yrfa a ddewisodd Dennis iddo'i hun. Mae'n

amlwg ei fod wedi ei eni i fod yn berfformiwr, ac mae yn ei elfen yn ei lordio hi ar y llwyfan. Serch hynny, bregus iawn yw ei safle mewn gwirionedd, ac mae'n ymddangos i mi fod elfen fasocistaidd gref ym meddylfryd pob perfformiwr, wrth iddynt orfod plesio cynulleidfa a chamu ymlaen ar ddiwedd perfformiad gan obeithio am ganmoliaeth, ac weithiau, yn hytrach, yn gorfod dioddef sarhad cyhoeddus, creulon.

Roedd Fiona a minnau'n fwy nerfus na Dennis yn ystod y perfformiad hwnnw o *Lucia di Lammermoor* yn La Fenice (Y Ffenics) yn Fenis. Dyma un o'r theatrau prydferthaf ym myd opera, ac ynddi perfformiwyd nifer o operâu Bellini, Donizetti a Verdi am y tro cyntaf erioed. Mae rhai o'r cantorion enwocaf hefyd wedi troedio'r llwyfan yno, gan gynnwys Beniamino Gigli a ganodd yr un ran yn union â Dennis yn La Fenice. Roedd cast arbennig o dalentog yn canu gyda Dennis hefyd – y soprano Eidalaidd Maria Davìa yn canu'r brif ran, ac yn chwarae rhan y bariton, yr Arglwydd Enrico, roedd un o'r lleisiau gorau i mi erioed ei glywed, sef Giorgio Zancanaro; yr arweinydd oedd Gianandrea Gavazzeni, enw chwedlonol ym myd yr opera yn yr Eidal, na fedrai fyth wneud dim i ddigio cynulleidfa na beirniaid cerddorol. Roedd yn ei wythdegau yn arwain y perfformiad hwnnw, ac mae'n rhaid cyfaddef ei fod yn edrych fel petai wedi syrthio i gysgu o bryd i'w gilydd, a siomedig oedd safon y chwarae cerddorfaol o'i gymharu, dyweder, â safonau uchel cerddorfa Cwmni Opera Cenedlaethol Cymru. Roedd safon y canu'n fendigedig.

Mae cynulleidfaoedd yr Eidal yn enwog am floeddio'u canmoliaeth, a'r un mor enwog am fwio'n groch os nad ydynt wedi eu plesio. Diolch byth, cafodd Dennis dderbyniad gwresog iawn yn La Fenice, ond mae'n medru ymddangos yn swil wrth gydnabod cymeradwyaeth y dorf, bron fel petai mewn brys i ddal bws, neu *vaporetto*! Yn ei hunangofiant, mae'r baswr enwog Boris Christoff wedi cynnwys rhan ar sut mae godro a rheoli cymeradwyaeth, ac fel cyfaill mae'n siŵr y dylwn ddarllen y bennod honno i Dennis! Ond yn y pen draw mae'n berson diymhongar iawn, a dyna dwi'n credu sy'n gyfrifol am ei ymddygiad ymddiheurol ar ddiwedd perfformiad.

Fel pob canwr arall mae wedi cael ei fwio, ond profiad anghyffredin iawn fu hynny yn ystod ei yrfa hir. Roeddwn i'n eistedd yn y gynulleidfa yn Munich ryw noson, ac ar ôl i Dennis ganu'r nodau gwefreiddiol sy'n rhan o'r aria *Di quella pira* y soniais amdani'n gynharach, roedd y gynulleidfa'n bloeddio ei mwynhad, ar wahân i'r hurtyn gwirion oedd yn eistedd reit drws nesaf i mi; penderfynodd hwnnw fwio'n uchel, a fedrwn i ddim coelio 'nghlustiau. Gofynnais iddo'n blwmp ac yn blaen pam ei fod, yn wahanol i bawb arall, yn anhapus â pherfformiad Dennis. 'Mae'n canu'n rhy aml yma!' oedd ymateb yr Almaenwr.

Cyfeiriad oedd hynny at bolisi rheolwr y tŷ opera, y Sais Syr Peter Jonas, i ddefnyddio nifer fawr o artistiaid Prydeinig (gan gynnwys Rebecca Evans a Rosemary Joshua) yn y prif gynyrchiadau yn Munich. Felly doedd gan yr ymateb negyddol ddim byd i'w wneud â pherfformiad Dennis y noson honno. Yn hytrach, roedd yn ymwneud â rhagfarn a mympwy personol gŵr a gafodd lond ceg gennyf am fod mor haerllug. Wrth lwc, ni chlywodd Dennis y waedd groch honno ynghanol yr hwrê byddarol, ac nid wyf finnau erioed wedi crybwyll y digwyddiad cyn ysgrifennu'r gyfrol hon!

*   *   *

Yn dilyn unrhyw berfformiad mae Dennis yn naturiol ddigon bron â llwgu. Felly, bydd yn mynd gydag Ellen i dŷ bwyta sydd ar agor yn hwyr, ac sydd heb fod ymhell o'r tŷ opera. Yno mae'n cael cyfle i ymlacio, ac yn raddol mae'r adrenalin yn cilio o'i system. Mae'n berson hael a charedig iawn, ac ef gan amlaf sy'n talu dros nifer o gantorion ifanc ac aelodau'r corws sydd weithiau'n eistedd wrth yr un bwrdd ag e. Yn oriau mân y bore mae'n cyrraedd 'nôl i'r gwesty, ac mae'r broses o ddadweindio'n parhau.

Bore trannoeth, neu drennydd, fe fydd adolygiadau i'w

darllen er, bellach, nid yw Dennis yn cymryd rhyw lawer o sylw ohonynt. Dros y blynyddoedd mae'r mwyafrif llethol o'r adolygiadau wedi bod yn gadarnhaol dros ben. Mae ambell un, yn naturiol, yn feirniadol o bryd i'w gilydd, ac yn awr ac yn y man fe geir ymosodiad personol gwirioneddol faleisus.

Dwi'n cofio un feirniadaeth greulon dros ben am berfformiad yr oedd pob adolygydd arall yn ddieithriad wedi ei lwyr fwynhau! Darllenodd Clare a Sean yr adolygiad hwnnw, ac roedd yn peri loes i Dennis fod ei blant wedi gorfod darllen y fath beth am eu tad. Yn rhyfedd iawn, ar y noson i'r adolygiad hwnnw ymddangos yn y papur, aeth Dennis am swper i dŷ bwyta yng nghanol Llundain, a phwy oedd yn eistedd wrth y bwrdd gyferbyn â Dennis ond yr adolygydd annwyl ei hun! Bu'n gwingo yn ei sedd weddill y noson, cyn dianc yn y diwedd i loches y nos. Ni ddywedodd Dennis yr un gair wrtho, ond roedd yr angel gwarcheidiol yn gwenu!

Bu'r adolygiadau yn Fenis yn ffafriol iawn. Ar ôl mwynhau pum niwrnod hyfryd yn y ddinas, hedfanodd Fiona a minnau 'nôl i Gymru, ond bu'n rhaid i Dennis ac Ellen aros yno am dair wythnos arall cyn hedfan yn syth oddi yno i Efrog Newydd! Doedd dim amser i fynd adref, dim cyfle i weld y plant a'r ffrindiau, ac roedd yn rhaid iddynt deithio gyda'r un dillad a baciwyd cyn gadael Caerdydd. Ar ôl gweld â'm llygaid fy hunan y math o fywyd oedd gan Dennis ac Ellen, wnes i byth wedyn gredu ei fod yn ffordd ddelfrydol o fyw. Fe ddywedodd y digrifwr Ronnie Barker ar goedd unwaith, 'Be careful what you wish for!'

*   *   *

Roedd un rheswm arbennig pam y gwnaeth Fiona a minnau fwynhau ein hunain gymaint yn Fenis. Daeth Eva ac Anti Marion draw (Dennis oedd wedi talu, wrth gwrs) er mwyn bod yn bresennol wrth i Dennis ganu am y tro cyntaf yn yr

Eidal, ac roedd cael y cyfle i ddod i adnabod y ddwy lodes ryfeddol o annwyl yn brofiad bythgofiadwy. Gan nad oedd yn rhaid iddo ganu'r diwrnod canlynol, aeth Dennis â ni i gyd allan am bryd o fwyd un noson i westy traddodiadol oedd yn coginio bwyd nad oeddwn i wedi gweld ei debyg erioed o'r blaen. Roedd Eva a Marion wrth eu boddau yn eu dillad gorau, fel dwy groten ysgol yn chwerthin yn hapus ac yn sibrwd wrth ei gilydd, 'Beth yw hwn te?' 'Sa i'n gwbod.' 'Ti'n mynd i drial e te?' 'Ie, ife?' 'Chi'n iawn?' gofynnodd Dennis iddynt. 'Joio!' Fe fwyton nhw'r bwydydd rhyfeddaf – octopws wedi'i stwffio, môr-lawes (*squid*) mewn saws rhyfedd, ac ambell bysgodyn hyll yr olwg na fyddai mamau'r pysgod eu hunain, hyd yn oed, wedi eu harddel.

Roedd Anti Marion yn tynnu llun o bob plataid o fwyd mewn llyfr bychan oedd ganddi yn ei bag, am ei bod yn awyddus i ddangos i'r Eidalwyr oedd yn gweithio yn y siop 'nôl yn y Fforest, yn union beth oedd hi wedi'i fwyta yn Fenis.

Wrth adael y bwyty, gofynnodd Dennis i'r ddwy a hoffent *sherry* bach cyn noswylio yn y Danieli, un o'r gwestai enwocaf yn y ddinas. Atebodd y ddwy fel côr cydadrodd, bron, 'Bydden, wrth gwrs 'ny!' Yn anffodus fe ddechreuodd lawio wrth i ni gerdded tuag at y Danieli, ac roedd yn amlwg fod Eva a Marion yn pryderu y byddai'r glaw yn difetha'u gwalltiau a hwythau ill dwy wedi cael perm arbennig cyn dod. Plymiodd Marion yn syth i'w bag, a rhoi un o'r capiau plastig rhychiog ofnadwy hynny sy'n boblogaidd adeg eisteddfod i Eva ddodi ar ei phen. 'Beth wyt ti'n mynd i wisgo te?' gofynnodd ei chwaer. 'Paid ti â becso amdana i!' oedd yr ateb. Anghofia i fyth yr olwg ar wyneb y *concierge* hunanbwysig yn y Danieli pan welodd e Eva'n cerdded i mewn wedi'i choroni â'r capan plastig. Go brin ei fod wedi cael gafael ar ei hunan cyn i Anti Marion gerdded drwy'r drws gyda bag plastig o Tesco ar ei phen. Bu bron iddo lewygu! Gwenu wnaeth Dennis; roedd e wrth ei fodd gyda'r ddwy, yn gadael iddyn nhw fod yn gwbl naturiol, oherwydd roedd e'n eu caru'n angerddol, ac yn parchu ac yn edmygu'r cefndir oedd wedi cynhyrchu dwy wreigan mor urddasol ac mor fentrus er ei bod yn eu saithdegau.

Mae ei deulu'n anhygoel o bwysig iddo. Dim ond Eva a Marion y cefais i'r cyfle i ddod i'w hadnabod yn dda, ond gwn fod Dennis yn uchel ei barch o bob un o deulu'i fam. Mae'n agos iawn at Mia, ei fam-yng-nghyfraith hefyd – mae hi'n teithio'r byd yn aml gydag e ac Ellen am fisoedd ar y tro, ac mae croeso brwd iddi yng Nghaerdydd bob amser. Fe fu tad Ellen farw yn 1990, ac ers hynny mae Mia wedi gwneud ei gorau i sicrhau na fydd hi fyth yn faich ar ei hunig blentyn a'i gŵr. Er ei bod hi'n bedwar ugain oed, bellach, mae'n dal yn llawn bywyd ac egni, ac wrth ei bodd yn teithio i bobman i wrando ar Dennis yn canu. Un o hoff ddywediadau Mia yw 'Caf amser i flino ar ôl mynd adref'. Mae'r fam-yng-nghyfraith a'r mab-yng-nghyfraith, ill dau yn lwcus iawn o'i gilydd.

Cafodd Eva a Marion amser bendigedig yn Fenis. Dim ond nhw allai fod wedi darganfod bod un o'r weitars Eidalaidd mewn caffi yng nghanol y ddinas yn medru rhywfaint ar y Gymraeg oherwydd ei fod wedi gweithio am gyfnod yn yr Ivy Bush yng Nghaerfyrddin. A dim ond Anti Marion fedrai greu anhrefn llwyr yn La Fenice yn ystod perfformiad o *Lucia di Lammermoor*. Yn ystod yr egwyl yn y perfformiad hwnnw daeth Eva ataf ar risiau'r theatr a dweud, 'O, mae Dennis yn canu'n dda on'd yw e? Cerwch lawr i'r cyntedd, Frank, i helpu Marion, mae'n creu *chaos* lawr 'na!' Yn y cyntedd roedd Anti Marion yn gwneud ei gorau i brynu rhaglen. Deng mil o lira oedd pris y rhaglen ond roedd Anti Marion yn cynnig papur can mil o lira i'r gŵr ifanc a hwnnw, heb lawer o Saesneg, yn trio esbonio iddi nad oedd ganddo ddigon o newid i roi iddi. Roedd hi'n gamddealltwriaeth lwyr, gan fod Anti Marian yn credu bod angen mwy o arian, nid llai, ac erbyn y diwedd roedd hi'n cynnig pob lira yn ei phwrs i'r gŵr ifanc. Doedd dim cwympo mas o gwbl, ac roedd y ddau'n gwenu'n braf ar ei gilydd, ond dwi ddim yn meddwl fod Anti Marion wedi sylweddoli hyd heddiw bod y gŵr ifanc, naill ai o fwriad neu drwy gamgymeriad, wedi gwerthu'r rhaglen iddi am lai na hanner pris.

Yn Fenis, hefyd, y soniodd Eva ei hun am stori arall a fydd yn aros yn fy nghof am byth. Flynyddoedd maith ynghynt, 'nôl yn y Bont, mae'n debyg bod Eva a Marion a'u gwŷr wedi mynd am wibdaith yn y car. Roedd ewyrth iddynt hefyd wedi ymuno â nhw, ac roedd hwnnw'n mynnu bod yn rhaid aros yn rhywle yn ystod y prynhawn i fwynhau paned o de – nid mewn caffi, ond i wneud y te eu hunain wrth ochr y ffordd. Felly roedd dŵr, tegell a chwpanau, a'r geriach i gyd, wedi eu pacio yng nghefn y car, yn ogystal â choed a phapur er mwyn cynnau'r tân i ferwi'r tegell. Cyn bo hir fe gyrhaeddon nhw'r Mynydd Du, ac yno ar odre'r mynydd fe fynnodd yr ewyrth mai dyna'r lle gore i gynnau'r tân a pharatoi 'dishgled'. Er iddynt fod wrthi am hanner awr a mwy, methiant llwyr fu eu hymdrechion i gynnau'r tân. Wedi hen flino ar y campau gwirion, fe ddwedodd Doc yn blwmp ac yn blaen ei fod e am fynd adre i fwynhau paned yno. Ar ôl gosod popeth yn ôl yn daclus yn y car, bant â nhw 'sha thre'. Wrth ailadrodd y stori hon yn Venice, fe gydiodd Eva yn fy llaw a sibrwd, 'Frank, wrth yrru bant o'r lle, fe edryches i 'nôl drwy ffenest gefen y car, ac roedd hanner y mynydd ar dân!'

Rhag ofn bod neb yn tybio, doedd Eva a Marion – na neb arall o'r teulu chwaith – ddim ar gyfyl y lle pan losgodd theatr La Fenice i'r llawr ar ddechrau'r mileniwm newydd!

Dyddiau dedwydd iawn fu'r gwyliau hynny yn Fenis yng nghwmni Eva, Marion, Dennis ac Ellen – dyddiau o gyfeill-garwch clòs, a gresyn o beth fod rhyw fath o *dementia*, dryswch meddyliol, bellach wedi dwyn yr atgofion i gyd o afael Eva. Mae ei phlant i gyd, yn arbennig y merched, a hefyd Anti Marion a'r teulu, yn parhau mor deyrngar ag erioed, ac yn ymweld â hi'n gyson mewn Cartref yn agos i Ben-y-bont.

*   *   *

Bûm yn ffodus o gael adnabod Eva yn weddol dda, ond ni chefais erioed y cyfle i gyfarfod â Doc, a fu farw yn 1986, ryw bedair blynedd cyn i Dennis a minnau ddod yn ffrindiau agos. Weithiau fe fyddaf yn teimlo fy mod wedi ei adnabod, oherwydd bod Dennis yn sôn mor aml amdano. Mae'n gwbl amlwg ei fod yn dal i weld ei golli, ac mae'n cyfaddef 'nad oes diwrnod yn mynd heibio heb i mi feddwl a chofio amdano'. Roedd perthynas agos, gariadus rhyngddynt, ac mae edmygedd a pharch Dennis at ei dad yn amlygu eu hunain yn y dagrau sy'n llenwi ei lygaid wrth sôn amdano.

Roedd Doc yn ddyn o egwyddor, ac yn feddyg cydwybodol iawn; byddai bob amser yn barod i wrando ar gwynion a gofidiau ei gleifion. Roedd e'n arbennig o amyneddgar, mae'n debyg, wrth ddelio â'r henoed yn y pentref, ac fe fyddai bob amser yn sicrhau na fyddent yn cael eu hanwybyddu a'u diystyru. Mae Dennis yntau yn arbennig o hoff o fod yng nghwmni hen bobl; mae ganddo barch mawr atynt, mae'n ymwybodol o'u profiad a'u doethineb, ac mae'n dwlu ar eu hiwmor a'u ffraethineb. Fe fyddai'n trin fy mam-yng-nghyfraith innau fel brenhines; ar adeg ei phen-blwydd yn bedwar ugain fe drefnodd Dennis ac Ellen barti bendigedig iddi, ac fe gafodd hithau fodd i fyw am fisoedd lawer.

Nid yw'n bosibl iddo adnabod ei 'ffans' i gyd yn bersonol, ond fe fydd Dennis yn aml yn gwneud ei orau i helpu rhai o'i gefnogwyr sy'n fregus eu hiechyd ac yn fethedig, i gyrraedd cyngherddau ac i fynd adref yn ddiogel. Ni fyddai Dennis ei hun byth yn ymffrostio yn hyn, ond yng ngogledd Cymru fe'i gwelais â'm llygaid fy hunan yn cario un o'r 'ffans' bregus ei hiechyd allan o'r tacsi, i fyny'r grisiau ac i mewn i'r gwesty lle'r oedd hi'n aros. Fel ei dad, mae Dennis yn medru bod yn hynod gymwynasgar a charedig.

Er bod Doc ar y cychwyn wedi amau a fyddai Dennis yn medru gwneud bywoliaeth dda fel canwr proffesiynol, ymfalchïodd yn y llwyddiant a ddaeth i'w ran, ac roedd Dennis yntau'n eithriadol o hapus a diolchgar i'w dad gael byw yn ddigon hir i fwynhau rhywfaint o'r llwyddiant hwnnw. Bu'r llwyddiant cynyddol hefyd yn fodd anuniongyrchol i wireddu breuddwyd fawr Doc, o ymweld â Rhufain a chael cyfle i weld y Fatican a'r Tad Sanctaidd, oherwydd yn dilyn cytundeb i ganu yn Glyndebourne, penderfynodd Dennis dalu i'w fam a'i dad a'i deulu i gyd i ymweld â'r Ddinas Dragwyddol gyda'i gilydd.

Yn anffodus, ac yntau eisoes wedi archebu'r tocynnau ac wedi talu am bopeth, diddymwyd y cynhyrchiad yn Glyndebourne, ac ni dderbyniodd Dennis yr un ddimai goch o dâl. Rhag gofidio a siomi ei rieni, ni soniodd yr un gair wrth neb am ei golled, ond bu'n rhaid i Dennis gynilo'n ofalus am fisoedd ar ôl yr ymweliad. Oherwydd fod Doc erbyn hynny yn ddifrifol wael, bu'n rhaid ei wthio o gwmpas Rhufain mewn cadair olwyn, ac wrth gerdded i lawr rhiw eitha serth, fe gollodd Dennis ei afael ar y gadair, ac fe saethodd Doc i lawr y tyle fel cath i gythraul a Dennis yn rhedeg fel milgi ar ei ôl. Roedd Doc yn diawlio ac yn gwenu yr un pryd, mae'n debyg, ond rywsut llwyddodd Dennis i'w ddal cyn i unrhyw ddamwain ddigwydd. Ac yntau'n eistedd yn y gadair olwyn ger y ffenest yn y gwesty, ac yn edrych allan ar y ddinas hardd, y tynnwyd un o'r lluniau olaf o Doc. Hyd heddiw, mae Dennis yn hynod ddiolchgar iddo gael y cyfle i wireddu'r freuddwyd fawr.

*　　　*　　　*

Wrth fod yn gyfaill i Dennis, cefais y cyfle hefyd i weld mwy o'i frawd, Andrew. Roeddwn yn bennaeth arno yn y BBC am gyfnod, ond mae'n rhaid cyfaddef na fedrai neb mewn gwirionedd fod yn feistr arno am yn hir. Heb os nac oni bai, roedd yn un o gymeriadau mawr bywyd. Etifeddodd ffraethineb ei fam, ac roedd wedi'i eni i fod yn ddigrifwr. Yn ôl Dennis roedd Andrew, pan oedd yn grwt, yn dipyn o rapsgaliwn direidus, bob amser yn wên o glust i glust. Roedd hi'n amlwg o'r cychwyn cyntaf ei fod yn llawn doniolwch, ei

136

fod yn ddynwaredwr da, yn gallu defnyddio'r acenion a'r lleisiau rhyfeddaf, a bod ganddo'r ddawn i wneud i bawb chwerthin.

Bu'n llwyddiannus iawn yn yr ysgol, a doedd hi ddim yn syndod i neb pan enillodd ysgoloriaeth gorawl i astudio yng Ngholeg y Brenin, Caergrawnt. Mae Dennis yn cofio Andrew yn dod 'nôl i'r Bont yn ystod y gwyliau, mewn blaser lliw pinc a het wellt ar ei ben! Byddai Doc yn codi'i aeliau ac yn gwenu.

Yn y coleg, penderfynodd Andrew newid cyfeiriad, a Diwinyddiaeth oedd ei bwnc gradd yn y pen draw. Aeth wedyn i astudio yn y coleg diwinyddol yn Rhufain am ddwy flynedd, gan fwriadu bod yn offeiriad, ond cael ei ddenu i fyd perfformio a'r cyfryngau fu ei ffawd yntau hefyd. Bu'n gyflwynydd, yn gyfarwyddwr ac yn gynhyrchydd rhaglenni teledu gyda'r BBC am rai blynyddoedd, cyn symud i fod yn gomisiynydd rhaglenni gyda S4C. Yno, roedd rhai o'i syniadau'n uchelgeisiol tu hwnt, ac mae'n bosib na wnaeth neb erioed ei lwyr werthfawrogi na'i ddeall yn y fan honno. Yn sicr bu'n ysbrydoliaeth i nifer fawr o artistiaid ifanc a thalentog yng Nghymru, ac Andrew roddodd y cyfleoedd cyntaf i lawer ohonyn nhw.

Ond yn fwy na dim byd arall, ei gofio'n ymuno mewn nosweithiau llawen yng nghartref Dennis y byddaf i fwyaf. Byddai Andrew yn canu'r piano yno, ac yn dynwared y tenor Peter Pears a'i lais trwynol i'r dim. Byddai Andrew'n canu cerdd dant hefyd (roedd yn arbenigwr ar y pwnc, wrth gwrs) nes bod pawb yn eu dyblau wrth ei weld yn rowlio'i lygaid a'i dafod yn y dull mwyaf ffug ddramatig a welwyd erioed. Byddai'n ein diddanu ni i gyd â chaneuon megis *The man in the moon is a Miss*, ac yn adrodd storïau bythgofiadwy na feiddiai neb arall eu hailadrodd, oherwydd dim ond Andrew oedd yn meddu ar y dalent i wneud cyfiawnder â nhw.

Ond mae 'na ochr dywyll i bob digrifwr, medden nhw, ac yn sicr roedd Andrew ar brydiau yn medru bod yn anniddig ac anhapus tu hwnt. Wnes i erioed ddeall pam ei fod yn medru bod mor anfodlon ar ei fyd. Efallai bod gan ei rywioldeb rywbeth i'w wneud â'r peth; efallai ei fod wedi'i eni ag elfen o anfodlonrwydd yn cuddio'n ddwfn yng ngwead ei gymeriad.

Weithiau, roeddwn i'n teimlo ei fod yn rhy amrywiol ei dalentau – yn medru canu'r piano ac adrodd, yn canu cerdd dant a dawnsio'n dda, yn medru perfformio'n glasurol hefyd, yn medru diddanu cynulleidfaoedd, yn medru cyfarwyddo a chynhyrchu a gweithio fel gweinyddwr medrus – ond, yn wahanol i Dennis, nid oedd gan Andrew yr *un* arbenigedd hwnnw a'i gwnâi'n unigryw ac yn eithriadol. Ni ddyfeisiwyd erioed y fframwaith angenrheidiol, o fewn unrhyw un o'r cannoedd o raglenni iddo gymryd rhan ynddynt, a roddai'r cyfle iddo arddangos ei dalentau diamheuol ar eu gorau.

Roedd yn anodd iawn categoreiddio Andrew. Gresyn o beth ei fod wedi treulio misoedd lawer yn ystod dwy flynedd olaf ei fywyd yn canu'r piano ar fwrdd y QE2 – rwy'n siŵr iddo fod yn llwyddiant ysgubol, ond roedd yn wastraff ar ei dalent. Dwi'n meddwl mai Dennis oedd yn iawn pan ddywedodd rhyw ddiwrnod mai bod yn *stand-up comic* oedd gwir dalent Andrew. Wn i ddim a fyddai Andrew ei hun erioed wedi bodloni ar hynny.

Roedd y berthynas rhwng Dennis ac Andrew yn un reit gymhleth yn y bôn. O adnabod Dennis, fe wn ei fod yn caru ei 'frawd bach' yn angerddol a'i fod yn gofidio amdano'n aml, ond ar brydiau fe fyddai Andrew yn cadw'n eithaf dieithr, ac fe fyddai wythnosau'n mynd heibio weithiau heb iddo gysylltu â Dennis o gwbl. Roedd hynny'n peri loes, ond ar yr un pryd roedd Dennis yn parchu'r ffaith bod yn rhaid i Andrew fod mor annibynnol â phosibl yn ei fywyd a'i yrfa.

Ond, tewach gwaed na dŵr. Os byth y byddai gwir argyfwng, personol neu deuluol, fe fyddai'r teulu O'Neill yn gytûn ac yn gadarn fel y graig. Roedd eu gweld yn eistedd o gwmpas bwrdd i drafod a sgwrsio yn brofiad ynddo'i hun; pawb yn siarad yn uchel, pawb yn llawn syniadau, cryn dipyn o chwerthin a thynnu coes, ac er bod anghytuno o bryd i'w gilydd, roedd pawb yn y pen draw yn cyd-dynnu.

Bu'r teulu dan straen yn ystod salwch olaf Andrew. Byddai Patricia a Doreen yn mynd i'w weld yn gyson yn yr ysbytai yng Nghaerdydd, a phan fyddai amser a gwaith yn caniatáu, fe fyddai pob un o'r lleill, hefyd, yn teithio o bell i eistedd wrth ochr y gwely. Symudwyd Andrew i Ysbyty'r Frenhines Elizabeth yn Birmingham, ac fe fu'r teulu'n deyrngar iawn wrth ymweld ag e yno hefyd. Byddai Dennis yn dychwelyd adref o bellafoedd byd ac yn gyrru'n syth o'r maes awyr yn Birmingham i weld ei frawd yn yr ysbyty. Roedd pawb yn obeithiol y byddai'n bosibl i Andrew dderbyn trawsblaniad iau newydd, ond yn anffodus gwanhaodd ei gorff yn gyflym cyn derbyn y llawdriniaeth, a bu farw ym mis Hydref 2004 ac yntau ond yn bedwar deg pump oed.

Cafodd Dennis ac Andrew gyfle i dreulio oriau lawer yng nghwmni ei gilydd yn ystod yr wythnosau olaf. Mae'n debyg iddynt drafod popeth dan haul – eu rhieni a'r teulu, dyddiau plentyndod, atgofion hapus, marwolaeth a chysgod y byd a ddaw. Roedd ei ffydd yn bwysig iawn i Andrew, ac roedd yn gysur mawr iddo. Mae Dennis wedi hen golli unrhyw gred a fu ganddo yn nyddiau ei ieuenctid, ac fe fu marwolaeth ei frawd yn ysgytwad creulon iddo. Er mwyn lliniaru rhywfaint ar y boen, taflodd Dennis ei hun i mewn i'r broses o drefnu'r angladd, a chysylltu ag ochr Wyddelig y teulu. Doeddwn i erioed wedi ei weld mor flinedig; roedd fel petai wedi crebachu'n gorfforol ac wedi heneiddio ar amrantiad.

Arferai Andrew fynychu Eglwys Santes Fair yr Angylion yn ardal Treganna yng Nghaerdydd, ac yno y cynhaliwyd y gwasanaeth angladdol. Mae'n eglwys fawr o ran maint, ond roedd hi'n wirioneddol dan ei sang y prynhawn hwnnw; roedd hi fel angladd wladwriaethol fawreddog. Wrth iddynt gerdded i mewn i'r eglwys, fe fedrech weld y sioc ar wyneb y teulu i gyd o weld cynifer o bobl, o bob cwr o Gymru a thu hwnt, wedi ymgasglu i dalu eu teyrnged olaf. Cyffesodd y perthnasau Gwyddelig wrthyf yn ddiweddarach bod y canu cynulleidfaol wedi eu syfrdanu.

Cafwyd teyrngedau niferus a theilwng er cof am Andrew. Ymhlith y dwsinau o gardiau a llythyron a dderbyniwyd gan y teulu roedd pennill gan Iris Thomas o'r Bont, a fu'n athrawes Cerdd Dant i Andrew ar un adeg:

> Cofio'r wên a'r llygaid siriol,
> Cofio'r llais a'r alaw swynol,
> Cofio talent wych yr actor,
> Cofio dawn unigryw'r cerddor,
> Cofio'i gymeriad hoffus, hynod;
> Braint i ni oedd ei adnabod.

Mae 'na agendor mawr ym mywyd y teulu ar ôl colli Andrew, ond fe fu'r profiad yn fodd i gryfhau'r ddealltwriaeth a'r berthynas rhyngddynt. Mae Dennis yn arbennig o falch iddo gael cyfle i ddod i adnabod Sean, ei frawd ifancaf; wedi'r cyfan mae deunaw mlynedd rhyngddynt o ran oedran, ac roedd Dennis wedi gadael cartref pan oedd Sean yn dal yn faban. Bellach mae cyfathrach agos wedi datblygu rhyngddynt.

Mae'n fendith hefyd nad yw Eva'n gwybod dim am drychineb marwolaeth gynnar ei mab, ond fe ddychrynodd hi bawb ychydig yn ôl pan ofynnodd yn sydyn pam nad oedd Andrew wedi bod yn ei gweld. Rhoddwyd yr esgus iddi ei fod e bant yn teithio'r byd, a derbyniodd Eva'r esboniad hwnnw. Dyw hi ddim wedi holi yn ei gylch ers hynny.

*   *   *

Fel arfer, mae bywyd o gwmpas Dennis a'i deulu yn llawn egni ac yn aml yn llawn sbort a sbri hefyd. Mae e ar ei orau ar ei wyliau, ac mae'n syndod i bawb sut a ble mae'n hoffi treulio'i amser sbâr. Er nad oes ganddo drwydded i yrru car, mae Dennis wrth ei fodd yn gyrru cychod hirion ar gamlesi ac afonydd Prydain. Mae'r cychod yn aml dros ugain llathen o hyd, ac oherwydd bod eu pennau blaen wedi eu gwneud o haearn, maen nhw'n rhyfeddol o drwm, ac yn beryg bywyd tasen nhw'n digwydd cyffwrdd â'r llongau pleser – y cychod costus, niferus a bregus sy'n hwylio i fyny ac i lawr y camlesi. Mae'n anodd defnyddio'r lociau niferus, hefyd, ond mae Dennis yn ei elfen yn symud ei gwch fodfedd wrth fodfedd i mewn ac allan ohonynt. Pedair milltir yr awr yw'r cyfyngiad cyflymdra ar y camlesi, ond fe gafodd Dennis ei reportio am wneud chwe milltir yr awr – ddwywaith!

Gan amlaf, fe fydd Dennis a'i deulu ar fwrdd un cwch, a Fiona a minnau a nifer o ffrindiau ar fwrdd un arall, yn hwylio mewn confoi ac yn dilyn y Capten O'Neill i bobman. Mae'r cychod yn sbort, ac fe fydd Dennis wrth ei fodd, mewn glaw a hindda, yn mwynhau holl gyfoeth byd natur o'i gwmpas. Braf hefyd yw angori a mynd am bryd o fwyd a pheint yn un o'r gwestai niferus a phrydferth sydd i'w cael ar hyd glannau'r camlesi a'r afonydd. Ambell noson, fe fydd Dennis yn coginio sosejys a thatws stwnsh ar fwrdd y cychod, a ninnau'n eu bwyta dan olau'r lloer.

Rhan o gyfrinach llwyddiant y gwyliau hyn yw sicrhau bod digon o bobl ifanc gyda chi ar fwrdd y cychod, a'u cael *nhw* wedyn i neidio i'r lan gyda'r rhaffau, ac i droi olwynion anystwyth gatiau'r llifddorau. Yn ystod y gwyliau cychod hyn, cefais y cyfle i ddod i adnabod plant Dennis, Clare a Sean, a phlant Ellen, Martin a Cara, gan eu bod nhw'n aml yn rhan o'r criw. Merch gall iawn fu Clare erioed, ac mae ganddi radd M.A. mewn Diwinyddiaeth; bu'n gannwyll llygaid ei thad o'r cychwyn cyntaf. Mae hi wedi priodi bellach, ac yn hapus iawn yn ei gwaith fel athrawes. Fe fu arddegau Sean, y mab, ychydig yn fwy cythryblus, ac ar brydiau fe wn fod Dennis, fel y bu Eva gydag yntau, bron ag anobeithio y byddai Sean fyth yn dysgu defnyddio ei synnwyr cyffredin. Er gwaethaf popeth, bu perthynas gariadus rhwng y ddau, a gwych fyddai gweld Sean, wrth noswylio bob nos, yn cofleidio Dennis gan ddweud 'Love you, Dad'. Ac yn y pen

141

draw mae'r cariad cyson hwnnw wedi llwyr oresgyn unrhyw densiynau o fewn y berthynas. Mae Sean wedi hen gallio, ac mae'n fachgen deallus a golygus, dros chwe throedfedd o daldra – mae Dennis yn eithaf eiddigeddus o hynny.

Mae Ellen a phlant Dennis, hefyd, yn dod ymlaen â'i gilydd yn dda, ond mwy rhyfeddol yw'r berthynas sydd wedi datblygu rhwng Ellen a Ruth, gwraig gyntaf Dennis. Maen nhw'n anfon cardiau pen-blwydd at ei gilydd, ac mae Ruth yn cael gwahoddiad i'r tŷ am ginio Nadolig ac i unrhyw barti neu ddathliad sy'n ymwneud â'r plant. Mae Martin a Cara, plant Ellen, yn gymeriadau hyfryd, sydd hefyd wedi dod i garu a pharchu Dennis – mae'n dipyn o gymdeithas gyd-edmygu, mewn gwirionedd. Felly, mae sefyllfa a allai fod wedi creu cymhlethdod ac anhapusrwydd parhaol, wedi datblygu'n ffynhonnell cariad a dealltwriaeth. Yr angel gwarcheidiol unwaith yn rhagor? Mae'r teulu cyfan yn ganolog ym mywyd Dennis, ac fe fyddai'n fodlon aberthu popeth er eu mwyn.

*   *   *

Un o'r profiadau mwyaf doniol a hapus i Dennis ac Ellen a Fiona a minnau rannu gyda'n gilydd oedd wythnos o wyliau'n teithio o gwmpas Iwerddon. Mae'r wlad a'i thrigolion yn arbennig o ddeniadol, a phryd hynny fe gafodd Fiona a minnau gyfle i gyfarfod ochr Wyddelig teulu'r O'Neills, a chael croeso ganddynt sy'n dal i aros yn y cof. Mae Anti Eileen (chwaer Doc) bellach yn naw deg naw mlwydd oed, ond mae hi 'fel cricsyn', a theithiodd draw o Gorc i'n cyfarfod yn Kinsale. Fydd hi byth yn gwisgo trowsus oherwydd 'Mae gen i goesau sy'n rhy dda i'w cuddio!' Yn Kinsale bu'n esbonio i reolwr y gwesty mai ei nai enwog, Dennis O'Neill, oedd yn ciniawa gyda hi, ond ei fod 'yn teithio'n *incognito*'!

Mae pobl yn aml yn credu bod cantorion opera yn eu hanfod yn greaduriaid difrifol ac anniddorol o ffurfiol, ond yn sicr nid yw hynny'n wir am Dennis. Ar ein gwyliau yn Iwerddon, fe symudon ni o Kinsale i dref glan môr hyfryd Youghal, ac yno fe welais berfformiad gan Dennis a oedd gystal ag un unrhyw un o ffilmiau Charlie Chaplin.

Mae Dennis yn hynod o adnabyddus a phoblogaidd yn Iwerddon, ond yn rhyfedd iawn yn Youghal nid oedd neb wedi sylweddoli'r noson honno pwy yn union oedd e. Ar ôl i ni orffen bwyta, fe'n gwahoddwyd ni i'r ystafell gefn, lle'r oedd tipyn o noson lawen wedi dechrau, a chryn dipyn o yfed hefyd a dweud y gwir. Roedd y lle'n orlawn, a phawb yn eu tro yn gorfod canu neu adrodd. Bu Fiona'n smalio bod yn un o'r Spice Girls gyda dwy ferch arall nad oedd hi erioed wedi eu cyfarfod o'r blaen, tra bu'n rhaid i mi (gan fod pawb wedi sylweddoli mai Cymry oedden ni) ganu 'Calon Lân'. Smaliodd Dennis mai cyfrifydd o Lundain oedd e, ac na fedrai ganu i achub ei fywyd, ond dywedodd ei fod yn ddigon hapus canu'r piano iddyn nhw.

Felly y bu. Ond erbyn tri o'r gloch y bore, a phawb erbyn hynny wedi gorfod canu o leiaf deirgwaith, gofynnwyd i Dennis berfformio eto, a'r tro hwn penderfynodd ganu iddyn nhw. Wrth i nodau cyntaf y gân Neopolitanaidd *Catari, Catari* atseinio o'u cwmpas, fe fu bron i rai ollwng eu gwydrau mewn syndod o glywed y fath lais godidog. Roedd eraill yn edrych i mewn i'w gwydrau i weld beth yn union yr oeddent wedi bod yn ei yfed. Bron na allech glywed y dorf yn dweud wrthynt eu hunain, 'Wrth gwrs bod y Cymry'n enwog am ganu, ond mae hyn yn amhosibl!' Ynghanol storm y gymeradwyaeth, daeth gyrrwr tacsi i mewn i chwilio am bwy bynnag oedd wedi archebu'r cerbyd, ac fe ddeallodd hwnnw'n syth pwy oedd wedi canu, a gwaeddodd dros bob man '*Dat's Dennis O'Neill!*', ac fe fedrech chi glywed ochenaid o ryddhad o gwmpas yr ystafell, bod esboniad syml i'r cyfan, ac nad wedi breuddwydio am y llais gwyrthiol oedden nhw.

Bu Dennis yn sgwrsio am awr a mwy, a bu'n arwyddo dwsinau o amlenni a matiau cwrw. Ond fe ddaeth y perfformiad gorau, o olwg y cyhoedd, ar y ffordd i'r stafell wely. O rywle, daeth Dennis o hyd i ymbarél, ac fe ddawnsiodd ei ffordd fyny'r grisiau, yn baglu ac yn bownsio, yn agor a chau'r ymbarél, yn ei ollwng, yn ei anghofio, yn rhedeg fel ffŵl i fyny ac i lawr gyda'r olwg fwyaf gwallgof a digrif ar ei wyneb. Roedd yr amseru'n berffaith, yn union fel petai wedi ymarfer y perfformiad ddwsinau o weithiau. Roedd Ellen, Fiona a minnau yn ein dyblau, ac yn gobeithio i'r nefoedd na fyddai'r bobol eraill yn y gwesty'n dihuno ac yn dal y tenor operatig enwog yn chwarae fel plentyn gyda'i deganau.

Does byth wybod beth fydd Dennis yn ei wneud nesaf, mewn gwirionedd. Oherwydd fy mod i'n sylwebydd yn Eisteddfod Genedlaethol Aberystwyth 1992, fe fu'n rhaid i mi ymuno'n hwyr â phawb arall ar eu gwyliau mewn pentref yn agos i Hastings. Wrth gyrraedd yr orsaf fechan a gadael y trên, fedrwn i ddim credu'r hyn oedd yn digwydd ar ben arall y platfform. Roedd Dennis ac Ellen a'r plant, ac Eva a nifer o ffrindiau, i gyd wedi dod yno i chwifio baneri, i weiddi hwrê a chwibanu, ac fe roddodd Eva dusw o flodau a rhuddygl (*radish*) i mi, a'm cofleidio. Roedd carped coch wedi ei osod ar lawr, roedd baner ar flaen y car, ac agorwyd y drws i mi gan un o'r ffrindiau wedi'i wisgo mewn cap *chauffeur*. O weld hyn i gyd, gwaeddodd y giard o'r trên, '*Just come back from the Olympics have we sir? If I'd known I'd have put you in first class.*' Wyddwn i ddim beth i'w ddweud, na ble i edrych. Yn ddiweddarach clywais fod Dennis wedi gwneud ei orau i gael y band pres lleol i chwarae yn yr orsaf i'm croesawu, ond diolch byth, roedd yn rhaid iddynt chwarae yn rhywle arall.

Yn ystod y gwyliau hynny, gwelais enghraifft o allu Eva i fod yn frawychus o awdurdodol. Pum mlwydd oed oedd James, mab Patricia, ac roedd ganddo'r gwn dŵr mwyaf a welodd neb erioed. Fe'i hanogwyd gan Sean i saethu dŵr at Eva wrth iddi ddod i lawr y grisiau. Neidiodd James allan o'i guddfan, ac fe fu bron iddo'i boddi gan rym a phŵer y llifeiriant. Roedd James yn wên o glust i glust, tan iddo weld yr olwg ar wyneb Eva a sylweddoli bod dydd y farn wedi cyrraedd. 'They made me do it,' meddai James yn wanllyd. Gan ymestyn hyd at eithaf ei thaldra (llai na phum troedfedd), fe ruodd Eva fel llew, 'If they told you to put your finger in the fire, boy, would you do it?' Roedd y geiriau'n clecian fel bwledi, ac roedd James druan wedi ei lwyr orchfygu. Welodd e mo'r wên na'r winc yn llygad Eva.

Bu'n rhaid i Dennis ein gadael ni yn ystod ein gwyliau yn Swydd Sussex, gan fod yn rhaid iddo deithio i Lerpwl i ganu yng nghyngerdd mawreddog y *Tall Ships*. Dro arall, pan oeddem ni ar wyliau yn Sbaen, fe fu'n rhaid i Dennis hedfan i berfformio yn yr *arena* yn Verona ac yna 'nôl i Sbaen. Mae trefnu gwyliau sy'n gyfleus i'r plant a phawb arall, a cheisio dilyn amserlen brysur o berfformiadau ar yr un pryd, yn broblem sy'n wynebu pob canwr, ond mae cael cwmni'r plant yn un o flaenoriaethau Dennis. Gyda llaw, yn Sbaen y gwelais un arall o'i dalentau annisgwyl – gyrru o gwmpas yn gelfydd iawn ar gefn moto-beic, er y bu bron i lorri fawr ei wthio drwy'r clawdd un waith.

Mae gweld Dennis ar ei wyliau yn fodd i ddadrithio unrhyw un ynglŷn ag ymddygiad cantorion opera rhyngwladol; maen nhw mor normal â chi a fi!

*   *   *

Ond, fel y soniais, bod gartref yw'r gwyliau gorau i Dennis. Yno mae e'n ymlacio orau, yno mae e hapusaf, ynghanol ei deulu a'i ffrindiau. Yno fe all dreulio pob awr o bob dydd yng nghwmni ei annwyl Ellen (mae'n canu 'Elen Fwyn' iddi weithiau, sy'n gwneud iddi grio). Hi yw canolbwynt ei fydysawd, a hebddi hi dwi'n siŵr y byddai Dennis yn teimlo rhyw wacter anorchfygol.

Dyw'r gŵr hwn ddim yn sant. Mae unrhyw un sy'n gymaint o berffeithydd yn medru bod yn boen yn y pen-ôl ar brydiau, ac mae'r egni sydd ganddo yn medru blino pawb arall. Ond pan fydd ef ei hun yn blino mae'n medru bod yn

145

bigog ac oriog, ac mae grym ei bersonoliaeth yn ei gwneud hi'n rhy hawdd iddo gymryd rheolaeth ar bawb a phopeth, weithiau. Yr union nodweddion hyn, wrth gwrs – yr egni, y bersonoliaeth a'r ymroddiad – a'i galluogodd i gyrraedd y brig mewn byd anodd a chreulon. Mae'n fyd sydd o angenrheidrwydd yn gwneud pob canwr a pherfformiwr yn hunan-ganolog; fel arall mae'n amhosibl goroesi ynddo.

Ond manion bach yw'r gwendidau o'u rhestru ochr yn ochr â rhinweddau rif y gwlith – yr haelioni, y caredigrwydd, yr hiwmor, ei allu i roi ohono'i hun, y brwdfrydedd a'r gefnogaeth i unigolion a sefydliadau, a'r gallu i ysbrydoli eraill. Dros y blynyddoedd bu'n gefn i mi, gan wrando a chynghori yn ystod cyfnodau anodd yn fy ngyrfa a'm bywyd, ac mae ei gyfeillgarwch tuag ataf fi a'm teulu wedi bod yn gyson wresog, ac yn anhygoel o hael. Mae ei gyfeillgarwch wedi bod yn un o'r elfennau pwysicaf yn fy mywyd. Mae ganddo nifer o ffrindiau eraill sydd hefyd wedi profi'r un haelioni.

Dwi hefyd yn edmygu ei onestrwydd a'r gallu sydd ganddo i fod yn hunan-feirniadol. Mae'n ddigon sensitif i synhwyro os yw e wedi bod ychydig bach yn 'anodd', ac mae'n barod iawn â'i ymddiheuriadau, ac i chwerthin ar ben ei dwpdra'i hun. Mae e hefyd yn gwbl onest ynghylch ei lais a'i allu fel perfformiwr. Nid yw'n hoff o'i lais ei hun, a dwi'n aml wedi ei glywed yn dweud, 'Does gen i ddim llais pwysig tebyg, dyweder, i lais Corelli neu Pavarotti; mae'n llais reit dda, a thros y blynyddoedd dwi wedi cael boddhad mawr o'i glywed yn datblygu ac yn ehangu. Dwi'n meddwl bod gen i'r dalent i ddodi fy stamp fy hun ar gân neu gymal cerddorol, ond ynddo'i hun dyw e ddim yn llais arbennig iawn.'

Er bod yn rhaid edmygu'r fath ddadansoddiad traed-ar-y-ddaear, fe fyddai nifer fawr o bobl yn anghytuno ac yn teimlo ei fod yn annheg ag ef ei hun. Ar draws y byd operatig mae edmygedd mawr o Dennis i'w weld ymhob canolfan, ac yng Nghymru mae'r gymeradwyaeth sy'n ei groesawu i'r llwyfan yn adlewyrchu'r parch a'r cariad sydd yng nghalonnau'r cynulleidfaoedd Cymreig tuag ato.

Yn 2005 roedd nifer fawr o gantorion enwocaf Cymru'n cymryd rhan mewn cyngerdd elusen yng Nghanolfan y Mileniwm yng Nghaerdydd, a phan gerddodd Dennis i'r llwyfan fe aeth y cantorion, gan gynnwys nifer o denoriaid ifanc, i gornel y llwyfan, fel eu bod yn medru gwrando a gwylio'r meistr yn canu. Wrth glywed y llais unigryw yn anwesu nodau agoriadol *Cielo e Mar*, roeddent yn ddieithriad yn siglo'u pennau mewn edmygedd. Roedd y gymeradwyaeth ar y diwedd, fel arfer, yn fyddarol, ac fe'i cydnabuwyd gan Dennis yn ei ffordd ddiymhongar ei hun.

Camodd o'r llwyfan i chwilio am Ellen a'i gyfeillion, ac wedyn camodd i'r nos i fwynhau pryd o fwyd Tsieineaidd mewn bwyty cyfagos.

> Hwn yw dewin y cantorion,
> Hwn sy'n medru cyffwrdd calon.
> Ond wedi'r canu a'r perfformio
> Y gwisgoedd lliwgar a'r coluro,
> Actio arwyr a thywysogion
> A brenhinoedd a chariadon –
> Pan fo'r neuadd yn cau ei drysau
> A'r llwyfan bellach yn ddi-olau,
> Mae 'na berson yn ymddangos –
> Dyn cyffredin, cyfaill agos.
> Mae hwn yn gweld yn ddigon clir
> Y llinell fain rhwng ffug a gwir.
> O'r cymeriadau oll, pob lliw a llun,
> Y cryfaf un yw ef ei hun.

DIOLCHIADAU

Mae nifer fawr o bobl y carwn ddiolch iddynt am eu cymorth wrth baratoi'r gyfrol hon.

Mae fy ngwraig, Fiona, wedi procio'r cof yn aml am nifer o brofiadau hapus i ni eu mwynhau yng nghwmni Dennis a'i deulu, a hi piau nifer fawr o'r lluniau personol sydd yn y llyfr. Rwy'n ddyledus i'm ffrind Geraint Wyn am ei gyngor doeth, ac i'm chwaer, Ilid, am wrando, ac am y darn o farddoniaeth sy'n ddiweddglo i'r portread. (Mae hithau'n un o'r lluoedd sydd wedi profi'n hael o garedigrwydd Dennis a'i wraig dros y blynyddoedd.)

Hoffwn gydnabod hefyd gymorth gwerthfawr y teulu O'Neill, a chyfraniadau parod nifer o gantorion, cerddorion a ffrindiau sydd wedi adnabod Dennis ac edmygu ei ddoniau dros y blynyddoedd. Bu Sarah Rickett a Simon Rees o Gwmni Opera Cenedlaethol Cymru yn garedig iawn hefyd wrth helpu i ddod o hyd i rai o'r lluniau yn archifau'r Cwmni.

Diolch i Wasg Gomer am y gwahoddiad i ymgymryd â'r dasg bleserus hon, ac i Bryan James, y golygydd, am ei gymorth a'i gefnogaeth.

Yn bennaf oll, diolch i Dennis a'i wraig, Ellen, am eu cyfeillgarwch.

NODYN AM YR AWDUR

Daeth Frank Lincoln i adnabod Dennis trwy gyfrwng ei waith gyda'r BBC, lle bu'n Bennaeth yr Adran Gyflwyno ac yn Rheolwr Cynllunio Darlledu. Mae'n adnabyddus fel actor, ac wedi chwarae'r prif rannau mewn dwsinau o ddramâu radio a chyfresi teledu poblogaidd megis *Lleifior*, *Yn Ôl i Leifior*, *Y Stafell Ddirgel*, ac yn Saesneg *The Life of Riley* (gyda Bill Maynard) a *One of the Family* (gyda Windsor Davies). Gyda'r BBC cafodd gyfle i gyflwyno cannoedd o gyngherddau ac operâu ar y teledu ac i Radio 3, ac fe gyflwynodd nifer o gyfresi cerddorol i Radio Cymru a Radio Wales, gan gynnwys creu *Cywair* a *Frank ar Opera*. Bu hefyd yn aelod o'r tîm sefydlog yn y cwis cerddorol poblogaidd *Mas o Diwn* ac yn gyflwynydd llwyfan/radio Canwr y Byd o 1983 hyd at 1997. Yn 2000 fe'i gwnaed yn Gymrawd Coleg Brenhinol Cerdd a Drama Cymru, a'r un flwyddyn cafodd ei urddo i'r wisg wen gan Orsedd y Beirdd yn Eisteddfod Genedlaethol Llanelli, ei dref enedigol. Mae'n teithio'n helaeth i weld operâu, yn enwedig, meddai, os yw Dennis yn canu.

1		25		49		73	
2		26		50		74	
3		27		51		75	
4	408	28					
5							